PETER KARPINSKI

Öffentlich-rechtliche Grundsätze für den Einsatz
der Streitkräfte im Staatsnotstand

Schriften zum Öffentlichen Recht

Band 242

Öffentlich-rechtliche Grundsätze für den Einsatz der Streitkräfte im Staatsnotstand

Von

Dr. Peter Karpinski

DUNCKER & HUMBLOT / BERLIN

Alle Rechte vorbehalten
© 1974 Duncker & Humblot, Berlin 41
Gedruckt 1974 bei Richard Schröter, Berlin 61
Printed in Germany

ISBN 3 428 03195 4

Vorwort

Die vorliegende Abhandlung hat im Wintersemester 1973/74 der juristischen Fakultät der Ruprecht-Karl-Universität zu Heidelberg als Dissertation vorgelegen. Das Manuskript wurde im Frühjahr 1973 in den wesentlichen Teilen abgeschlossen.

Danken möchte ich an dieser Stelle Herrn Prof. Dr. Karl Doehring, der die Anregung zu diesem Thema gegeben und die Fertigstellung der Arbeit mit großzügiger Hilfe unterstützt hat.

Mein Dank gilt ferner Herrn Ministerialrat a. D. Dr. Johannes Broermann für die Aufnahme der Arbeit in die Reihe „Schriften zum Öffentlichen Recht".

Heidelberg, im Februar 1974 *Peter Karpinski*

Inhaltsübersicht

TEIL A

Problemstellung und begriffliche Abgrenzung   11

I. Einführung in den Gegenstand 11
II. Der Begriff der „Streitkräfte" 12
    1. Definition und Abgrenzung zu weiteren Bundeseinrichtungen 12
    2. Abgrenzung zu den Stationierungstruppen 13
    3. Gliederung und Umfang der Streitkräfte 14
III. Der Begriff des „Einsatzes" 15

TEIL B

Der Einsatz im innenpolitischen Notstand   17

1. Abschnitt: Die Einsatzgrundsätze bei der Bekämpfung bewaffneter Aufständischer 17

I. Vorbemerkungen 17
    1. Geschichtlicher Überblick 17
    2. Jetzige Regelung 19
II. Der Einsatzzweck — Begriff der „militärisch bewaffneten Aufständischen" 20
III. Die rechtlichen Voraussetzungen des Einsatzes 23
    1. Drohende Gefahr für den Bestand oder die freiheitlich demokratische Grundordnung 23
    2. Vorliegen der Erfordernisse des Art. 91 Abs. II GG 23
    3. Nichtausreichen der Polizeikräfte und des BGS 24
IV. Die Durchführung des Einsatzes 27
    1. Die Anordnung über Einsatzbeginn und Einsatzende 27
    2. Das Unterstellungsverhältnis 29
    3. Einsatz nach polizeirechtlichen oder militärischen Grundsätzen .. 32
    4. Der Waffeneinsatz 38
V. Zusammenfassendes Ergebnis der Untersuchungen im 1. Abschnitt .. 41

Inhaltsübersicht

2. Abschnitt: Die Einsatzgrundsätze beim Objektschutz 42

I. Vorbemerkungen 42
   1. Die gesetzlichen Grundlagen 42
   2. Die Notwendigkeit einer verfassungsmäßigen Ermächtigung 42

II. Der Schutz ziviler Objekte im Spannungs- oder Verteidigungsfall 45
   1. Der Einsatz nach Maßgabe des Art. 87 a Abs. III Satz 1 GG 45
      a) Das Vorliegen des Spannungs- oder Verteidigungsfalles 45
      b) Die Auswahl der zu schützenden Objekte 47
      c) Die Rechtsgrundlagen der Einzelmaßnahmen 50
      d) Inhaltliche Begrenzung der Einzelmaßnahmen 55
      Anhang: Das Recht zur Verkehrsregelung 57
   2. Der Einsatz nach Maßgabe des Art. 87 a Abs. III Satz 2 GG 58
      a) Der Einsatzzweck des Art. 87 a Abs. III Satz 2 GG — Abgrenzung gegenüber Satz 1 58
      b) Die Übertragung der Schutzbefugnisse 60
         aa) Der Übertragungszweck 60
         bb) Möglichkeiten der formellen Übertragung 61
         cc) Die an der Übertragung beteiligten Organe 63
      c) Das Zuordnungsverhältnis von Polizei und Militär 64
      d) Die Rechtsgrundlagen der Einzelmaßnahmen bei der Unterstützung polizeilicher Maßnahmen 65
      e) Die Begrenzung der Zwangsmaßnahmen und des Waffengebrauchs 68

III. Der Schutz ziviler Objekte unter den Voraussetzungen des Art. 87 a Abs. IV GG 71
   1. Inhalt und Begrenzung des Einsatzzweckes 72
   2. Die Auswahl der Objekte 73
   3. Die Rechtsgrundlagen des Eingreifens nach Abs. IV 74
   4. Der Umfang der Schutzmaßnahmen nach Abs. IV 76

IV. Zusammenfassendes Ergebnis der Untersuchungen im 2. Abschnitt .. 77

TEIL C

Der Einsatz im Katastrophennotstand   80

I. Vorbemerkung 80

II. Die verfassungspolitische Einordnung des Katastropheneinsatzes 80
   1. Die hoheitliche Funktion des Eingreifens an Hand der Erfahrungen der Flutkatastrophe von Hamburg 80
   2. Die rechtsdogmatische Stellung des Einsatzes im Gefüge des Grundgesetzes 82

Inhaltsübersicht 9

III. Die Ausgestaltung des Katastropheneinsatzes im einzelnen 83

   1. Der Einsatz im regionalen Katastrophennotstand 83

      a) Das Anforderungsrecht des Landes 83
      b) Die Pflicht zur Entsendung der Streitkräfte 84
      c) Die rechtlichen Eingriffsgrundlagen der Hilfstätigkeit unter dem Aspekt des hoheitlichen Eingriffs 85
      d) Die Ausgestaltung des hoheitlichen Hilfseinsatzes 88

   2. Der Einsatz im überregionalen Katastrophennotstand 89

      a) Wesen und Erscheinungsformen eines überregionalen Notstandes 89
      b) Die Einsatzbefugnis der Bundesregierung 90

IV. Verbot des Einsatzes entgegen der Schutzklausel des Art. 9 Abs. III Satz 3 GG 91

V. Zusammenfassendes Ergebnis der Untersuchungen im Teil C 92

ANHANG

Die innerstaatlichen Eingriffsbefugnisse des Militärs im Ausland   94

I. Die Regelung in den Staaten des NATO-Bündnisses 94

   1. Belgien 94

   2. Niederlande 94

   3. Dänemark 95

   4. Frankreich 95

   5. Großbritannien 95

   6. Vereinigte Staaten von Nordamerika 96

   7. Zusammenfassende Betrachtung 96

II. Die Regelung im neutralen Ausland 97

   1. Schweiz 97

   2. Österreich 97

   3. Schweden 98

   4. Zusammenfassende Betrachtung 98

III. Die Regelung in den Staaten des Warschauer Paktes 99

   1. Sowjetunion 99

   2. Polen 99

   3. Tschechoslowakei 100

   4. DDR 100

   5. Zusammenfassende Betrachtung 101

Schrifttumsverzeichnis   103

Abkürzungsverzeichnis

a. A.	=	anderer Ansicht
a. E.	=	am Ende
Az.	=	Aktenzeichen
BGB	=	Bürgerliches Gesetzbuch
BGBl.	=	Bundesgesetzblatt
BGS	=	Bundesgrenzschutz
BK	=	Bonner Kommentar
BLG	=	Bundesleistungsgesetz
BMinI	=	Bundesminister des Innern
BMinVtg.	=	Bundesminister der (für) Verteidigung
BReg.	=	Bundesregierung
BT	=	Bundestag
BVerfGE	=	Entscheidungen des Bundesverfassungsgerichtes
BVerfGG	=	Gesetz über das Bundesverfassungsgericht
BW	=	Bundeswehr
DöV	=	Die öffentliche Verwaltung
DVBl.	=	Deutsches Verwaltungsblatt
GG	=	Grundgesetz
HDv.	=	Heeresdienstvorschrift
IA	=	Innenausschuß
i. d. F.	=	in der Fassung
i. d. R.	=	in der Regel
i. S. d.	=	im Sinne des
i. V. m.	=	in Verbindung mit
i. w. S.	=	im weiteren Sinne
JZ	=	Juristenzeitung
NVA	=	Nationale Volksarmee
Prot.	=	Protokoll
RA	=	Rechtsausschuß
RVO	=	Rechtsverordnung
StGB	=	Strafgesetzbuch
StPO	=	Strafprozeßordnung
StVO	=	Straßenverkehrsordnung
u. U.	=	unter Umständen
UZwG	=	Gesetz über die Anwendung unmittelbaren Zwanges durch Polizei und Vollzugsbehörden
UZwGBw.	=	Gesetz über die Anwendung unmittelbaren Zwanges und die Ausübung besonderer Befugnisse durch Soldaten der Bundeswehr und zivile Wachpersonen
WRV	=	Weimarer Reichsverfassung
ZDv.	=	Zentrale Dienstvorschrift der Bundeswehr

TEIL A

Problemstellung und begriffliche Abgrenzung

I. Einführung in den Gegenstand

Nach fast zehnjähriger Vorarbeit in drei Wahlperioden hat die Bundesregierung am 13. Juni 1967 den dritten Entwurf einer sog. Notstandsverfassung (BT-Drucks. V/1879) dem Bundestag vorgelegt. Dieser Entwurf fand, nach mehrfachen Abänderungen, am 30. Mai 1968 als 17. Gesetz zur Änderung des Grundgesetzes die erforderliche Mehrheit im Bundestag und am 16. Juni 1968 die Zustimmung des Bundesrates; das Gesetz wurde nach Ausfertigung durch den Bundespräsidenten am 27. Juni 1968 im Bundesgesetzblatt (BGBl. I S. 709) verkündet und trat einen Tag später in Kraft.

Zu den im Rahmen dieser Verfassungsänderung in das Grundgesetz aufgenommenen Bestimmungen zählen auch diejenigen Vorschriften, nach deren Maßgabe den Streitkräften die Möglichkeit eröffnet wird, unter bestimmten Voraussetzungen gegen Störungen im Landesinnern einzugreifen. Diese nunmehr geregelte Möglichkeit eines Einsatzes militärischer Kräfte im Innern gehörte — sowohl in den parlamentarischen Beratungen wie auch in den öffentlich geführten Diskussionen — zu den am meisten erörterten und auch am stärksten umstrittenen Problemen der Grundgesetzänderung[1]. Diese Bestimmungen wurden jedoch notwendig, da bis dahin das Grundgesetz keine ausreichende Möglichkeit vorsah, um bei inneren Gefahren für den Bestand der BRD oder etwa bei Katastrophenfällen die erforderlichen Abwehrmaßnahmen treffen zu können[2]. Zwar war es den drei ehemaligen Besatzungsmächten USA, Frankreich und Großbritannien auf Grund des Vertrages über die Beziehungen zwischen der Bundesrepublik und den drei Mächten (BGBl. 1955 II S. 305) möglich, im Falle eines inneren Notstandes umfassende Maßnahmen zum Schutze und zur Sicherheit ihrer in der Bundesrepublik befindlichen Streitkräfte zu ergreifen. Diese Vorbehalte sollten nach dem Vertrag erlöschen, „sobald die zuständigen

---

[1] Vgl. dazu die Rede des Abg. C. O. *Lenz* vor dem Dt. Bundestag am 15. 5. 1968, Prot. S. 9313 f.

[2] So lautete der Text des inzwischen aufgehobenen Art. 143 GG: „Die Voraussetzungen, unter denen es zulässig wird, die Streitkräfte im Falle eines inneren Notstandes in Anspruch zu nehmen, kann nur durch ein Gesetz geregelt werden, das die Erfordernisse des Art. 79 erfüllt."

deutschen Behörden entsprechende Vollmachten durch die deutsche Gesetzgebung erhalten haben und dadurch in den Stand gesetzt werden, ... einer ernstlichen Störung der öffentlichen Sicherheit und Ordnung zu begegnen" (Art. 5 Abs. II). Durch das 17. Gesetz zur Änderung des Grundgesetzes haben nun die verfassungsgebenden Organe die Aufgaben der im inneren Gefahrenfall zu treffenden Maßnahmen in die eigene Zuständigkeit übernommen und auf eine verfassungsmäßige Grundlage gestellt. Die Regierungen der drei Mächte haben daraufhin ihren Verzicht auf die von ihnen bisher innegehabten Rechte erklärt; der Wortlaut dieser Verzichtserklärung wurde im BGBl. 1968 I S. 715 veröffentlicht.

Die Einsatzmöglichkeiten der Streitkräfte im Staatsnotstand finden sich nunmehr an zwei Stellen im Grundgesetz: Art. 87 a GG bestimmt in Abs. III und IV die Voraussetzungen zu Einsätzen gegen Saboteure und Aufständische (sog. innenpolitischer Notstand), während Art. 35 in Abs. II und III den Einsatz bei Unglücksfällen oder Naturkatastrophen (sog. Katastrophennotstand) regelt.

II. Der Begriff der „Streitkräfte"

1. Definition und Abgrenzung zu weiteren Bundeseinrichtungen

Die Befugnis zum Eingreifen im Innern haben nach den oben genannten Vorschriften die „Streitkräfte". Dieser Begriff findet sich erstmals in der deutschen verfassungsrechtlichen Terminologie[3].

Nach dem allgemeinen Sprachgebrauch sind „Streitkräfte" ein in bestimmter Weise organisierter, bewaffneter und mit spezifischen Aufgaben versehener menschlicher Verband[4]. Im Sprachgebrauch des Grundgesetzes ist darunter zu verstehen die Bundeswehr, und zwar „das in der Bundeswehr organisierte militärische Instrument der Bundesrepublik"[5]. Unter den Begriff „Streitkräfte" fallen dagegen nicht die Polizeikräfte und auch nicht der Bundesgrenzschutz[6]. Dies

---
[3] Vgl. §§ 11 und 83 der Verfassung des Deutschen Reiches vom 28. März 1849: „Armee", „bewaffnete Macht"; Art. 47 WRV: „Wehrmacht". Lediglich in Art. 159 des Versailler Vertrages wird auch von „Streitkräften" gesprochen.
[4] v. Mangoldt-Klein: Das Bonner Grundgesetz, Art. 87a, S. 2308; weitere, z. T. gleichlautende Definitionen bei P. Lerche: Bundeswehr, Wehrverfassung in: Ev. Staatslexikon Sp. 240 und G.-Chr. v. Unruh: Führung und Organisation der Streitkräfte im parlamentarisch-demokratischen Staat, VVDStRL Heft 26.
[5] K. Ipsen in Bonner Kommentar, Art. 87a RN 13; der Begriff „Bundeswehr" wird im Grundgesetz nicht verwendet.
[6] Daß der BGS trotz seiner „paramilitärischen Ausbildung" und seiner dem Militär nicht unähnlichen Bewaffnung als reine Polizeitruppe fungiert, zeigen die Vorschriften des Gesetzes über den Bundesgrenzschutz (BGSG) vom 18. 8. 1972 (BGBl. I S. 1834): § 1 BGSB bringt einen Katalog allgemeiner Aufgabenzuweisungen, die ausschließlich polizeilichen Charakter tragen;

ergibt sich aus der Gegenüberstellung der drei Verbände in Art. 35 Abs. II und Abs. III Satz 1 sowie in Art. 87 a Abs. IV Satz 1 GG[7].

Ebenso sind ausgeschlossen die Wehrdienstgerichtsbarkeit sowie die Militärseelsorge und die Bundeswehrverwaltung[8].

2. Abgrenzung zu den Stationierungstruppen

Nicht unmittelbar ersichtlich ist aus dem Wortlaut des Gesetzes, ob unter den Begriff „Streitkräfte" auch die auf dem Gebiet der Bundesrepublik stationierten verbündeten ausländischen Truppenteile zu verstehen sind.

In früheren Gesetzen (Bundesleistungsgesetz, Landbeschaffungsgesetz, Schutzbereichsgesetz) verwendete der Gesetzgeber die Bezeichnung „Streitkräfte auswärtiger Staaten", während im Wehrpflichtgesetz (§ 49 WPflG) von „Stationierungsstreitkräften" gesprochen wird. Dies legt die Vermutung nahe, daß der Begriff „Streitkräfte" ohne weitere Zusätze nur das Instrumentarium der Bundeswehr umfaßt, nicht aber die auf dem Gebiet der Bundesrepublik stationierten ausländischen Einheiten, über deren Aufgabe der Verfassungsgeber ohnehin schwerlich etwas aussagen kann[9].

Beachtet man zudem, daß die früheren Besatzungsmächte nach ihrer formellen Erklärung (BGBl. 1968 I S. 715) auf die ihnen bisher bei inneren Unruhen zugestandenen Rechte verzichtet haben, so ergibt sich eine Beschränkung des Begriffes „Streitkräfte" auf die Einrichtungen der Bundeswehr von selbst. Eine Ausnahme besteht insoweit nur in § 1 Wirtschaftssicherstellungsgesetz (WSSG; BGBl. I S. 1070): dort umfaßt die Bezeichnung Streitkräfte „nicht nur die Bundeswehr, sondern auch die im Gebiet der BRD stationierten verbündeten Streitkräfte"[10]. Diese Einbeziehung ausländischer Einheiten in die Streitkräfte i. S. d. WSSG bieten insofern keine Schwierigkeiten, als es dort nur um die Erfüllung der in Art. 37 - 48 des Vertrages über die Rechte und Pflichten ausländischer Streitkräfte und deren Mitglieder in der BRD (BGBl. 1955 II S. 321) statuierten vertraglichen Pflichten der Bundesrepublik geht, die verbündeten Truppen ausreichend zu ver-

---

ferner enthalten die §§ 10 ff. BGSG diejenigen Grundsätze und Befugnisse für polizeiliches Vorgehen, die in allen Bundesländern im wesentlichen übereinstimmend gelten (so auch *D. Keidel:* Polizei und Polizeigewalt im Notstandsfall, S. 37).
[7] So auch *v. Mangoldt-Klein*, S. 2307.
[8] h. M.; vgl. dazu *K. Ipsen* in BK Art. 87a RN 13; *v. Mangoldt-Klein*, S. 2307.
[9] So mit Recht *H.-U. Evers:* Die perfekte Notstandsverfassung, AöR Bd. 91, S. 25.
[10] So die Begründung der Bundesregierung zu § 1 WSSG, BT-Drucks. IV/892, S. 9.

Teil A: Problemstellung und begriffliche Abgrenzung

sorgen[11]. In all den anderen, namentlich im Grundgesetz aufgeführten Zusammenhängen, in denen von den „Streitkräften" gesprochen wird, sind nur die der Bundeswehr zugehörigen Einheiten und Verbände zu sehen.

3. Gliederung und Umfang der Streitkräfte[12]

a) Feldheer

12 Divisionen mit
  13 Panzerbrigaden
  12 Panzergrenadierbrigaden
  3 Jägerbrigaden
  2 Gebirgsjägerbrigaden
  3 Luftlandebrigaden

Divisionstruppen mit insgesamt 105 selbständigen Bataillonen, darunter:

— Panzeraufklärung — Raketen- und Feldartillerie
— Artilleriebeobachtung — Pioniere
— Flugabwehr — Heeresflieger
— Fernmelder — Versorgung

Korpsverfügungs- und Korpsversorgungstruppen mit insgesamt 81 selbständigen Bataillonen, darunter:

— Panzer — Raketen- und Feldartillerie
— Pioniere — Flugabwehr
— Feldjäger — Heerestransportflieger
— Fernmelder — Instandsetzung
— Nachschub — Transport

b) Territorialheer

3 Territorialkommandos
5 Wehrbereichskommandos
30 Verteidigungsbezirkskommandos
— davon bereits aufgestellt:
  3 Heimatschutzkommandos
  2 Pionierregimenter
  1 Fernmeldebrigade
  6 Feldjägerbataillone

---
[11] So auch *H.-U. Evers*, ebenda; vgl. auch *R. Kreuzer:* Der Begriff der Streitkräfte, DVBl. 1969, S. 399.
[12] Entnommen aus Bundesminister der Verteidigung (Hrsg.): Weißbuch 1971/1972 — Zur Sicherheit der Bundesrepublik Deutschland und zur Entwicklung der Bundeswehr; Bonn 1971.

— für den Mobilmachungsfall vorgesehen:
Jägerbataillone
Sicherungskompanien
Pionierbataillone
Versorgungsverbände

c) Luftwaffe

4 Aufklärer-, 18 Jagdbomber- und 4 Abfangjägerstaffeln, 2 Flugkörpergeschwader, 24 Raketen- und 31 Flugabwehrbatterien.

d) Marine

3 Zerstörer-, 1 Geleitboot-, 4 Schnellboot-, 1 U-Boot-, 6 Minensuch- und 1 Landungsgeschwader, 2 Jagdbomber- und 2 Aufklärungsstaffeln, 1 Fernaufklärungsgeschwader.

Der derzeitige Umfang (Stand Februar 1973) beträgt 476 000 Mann (Heer 315 000, davon 248 000 Feldheer, Luftwaffe 100 300, Marine 33 000), davon 54 000 Berufssoldaten, 192 000 Zeitsoldaten, 255 000 Wehrpflichtige.

III. Der Begriff des „Einsatzes"

Die Möglichkeit zum „Einsatz" oder „Einsetzen" umfaßt zunächst die militärfachliche Ausdrucksweise der „Durchführung von Gefechts- und Kampfeinsätzen oder entsprechenden Aufgaben"[13].

Über diese enge militärische Begriffsprägung hinaus bedeutet „Einsatz" i. S. d. Art. 35 Abs. II/III und Art. 87 a Abs. II/III/IV GG nunmehr „die Verwendung der Streitkräfte im Rahmen von erlaubten Kriegshandlungen wie im Rahmen der vollziehenden Gewalt im Innern"[14], wobei festzuhalten bleibt, daß auch jede unbewaffnete Verwendung der Bundeswehr als Instrument der Exekutive im Landesinnern, die ihrem unmittelbaren Zweck nach innenpolitisch nicht neutral ist, ebenfalls als Einsatz zu bezeichnen ist[15]. Damit sind neben den kriegsmäßigen Einsätzen auch die Eingriffsmöglichkeiten erfaßt, die sowohl als bewaffnete Macht nach Art. 87 a Abs. III u. IV GG wie auch als technische Hilfstruppe nach Art. 35 Abs. II u. III GG erfolgen können. Unter Beachtung des Art. 87 a Abs. II GG bedeutet dies zugleich, daß sich die in Art. 35 Abs. II u. III sowie in Art. 87 a Abs. III u. IV GG normierten Verwen-

---

[13] Zentrale Dienstvorschrift der Bundeswehr (ZDv) 1/50.
[14] BT-Drucks. V/2873, S. 13.
[15] So mit Recht G. *Dürig* in Maunz-Dürig-Herzog (zitiert: M.-D.-H.): Grundgesetz-Kommentar, Art. 87a RN 32. Mit selbem Ergebnis D. *Keidel*, S. 46.

dungsarten als abschließende und ausschließliche Regelung des Einsatzes im Innern darstellen[16].

Keine „Einsätze" i. S. dieser Vorschriften sind demgegenüber Tätigkeiten nicht hoheitlicher Natur, wie z. B. freiwillige Erntehilfen oder Ehrenformationen bei repräsentativen Anlässen oder bei Sportveranstaltungen (wie etwa bei den XX. Olympischen Sommerspielen in München); derartige Tätigkeiten sind auch weiterhin ohne ausdrückliche Ermächtigungsgrundlage verfassungsrechtlich zulässig[17].

---

[16] K. *Ipsen* in BK Art. 87a RN 36; ungenau dagegen G. *Dürig* in M.-D.-H. Art. 87a RN 35, der den unbewaffneten Katastropheneinsatz nicht unter den Einsatzbegriff des Grundgesetzes zählt, da es sich hierbei um keine spezifisch militärische, sondern um rein technische Vorgänge handele. Dieser Ansicht kann insofern nicht gefolgt werden, als auch das unbewaffnete militärische Tätigwerden bei Katastrophenfällen i. d. R. mit hoheitlichen Maßnahmen verbunden ist, so z. B. bei der Abschirmung des Hilfseinsatzes gegen störende Zuschauer oder bei notwendigen Eingriffen in fremdes Eigentum. Insoweit handelt es sich eben nicht mehr um ein innenpolitisch wertneutrales Tätigwerden, sondern um einen hoheitlichen Eingriff und somit auch um einen Einsatz im Rahmen der vollziehenden Gewalt.

[17] So auch W. *Schreiber:* Die Befugnisse der Streitkräfte nach Art. 87a Abs. III GG, DöV 1969, S. 731. Vgl. dazu auch Ausführungen bei W. *Brunkow:* Rechtliche Probleme des Einsatzes der Bundeswehr auf dem Territorium der Bundesrepublik Deutschland nach Art. 87a GG, S. 41 ff.

TEIL B

Der Einsatz im innenpolitischen Notstand

1. Abschnitt: Die Einsatzgrundsätze bei der Bekämpfung bewaffneter Aufständischer

I. Vorbemerkungen

Die umfangreichste und zugleich auch höchst problemreiche Befugnis, die den Streitkräften durch die Notstandsregelung zugestanden wird, ist die Möglichkeit, gegen organisierte und militärisch bewaffnete Aufständische mit Waffengewalt vorzugehen, soweit die in Art. 87 a Abs. IV i. V. m. Art. 91 Abs. II GG genannten Voraussetzungen zutreffen.

Diese Regelung ist deshalb so problematisch, weil durch sie der Staatsführung einerseits ein Instrument zur wirkungsvollen Abwehr verfassungsfeindlicher Aktionen in die Hand gegeben werden soll, andererseits aber von vornherein der Gefahr eines Machtmißbrauchs, etwa zur Durchsetzung eigener, nicht verfassungskonformer Ziele, zu begegnen ist.

Der Einsatz des Militärs als gewichtigster Faktor der Exekutive zur Lösung innenpolitischer Konflikte gehörte denn auch von jeher zu den Hauptproblemen eines verfassungsmäßigen Staates, wie ein Blick in die neuere Verfassungsgeschichte zeigen soll:

1. Geschichtlicher Überblick

Mit der Einführung der konstitutionellen Staatsform stellte sich auch die Notwendigkeit einer gesetzlichen Ausgestaltung der Sondervollmachten bei Ausnahmezuständen. Dabei wurde die Frage nach den Einsatzmöglichkeiten der bewaffneten Macht eher zugunsten eines unumschränkten militärischen Einsatzes beantwortet. So bestimmte etwa § 89 der Verfassungsurkunde für das Königreich Württemberg von 1819: „Der König hat aber das Recht ... in dringenden Fällen zur Sicherheit des Staates das Nöthige vorzukehren"[1]; die nahezu gleiche Bestimmung findet sich in Art. 73 der Verfassung für das Großherzogtum Hessen von 1820[2]. Noch weiter ging Art. 9 des Zweiten Bundesbeschlusses über

---
[1] Zit.: *E.-R. Huber:* Dokumente zur Deutschen Verfassungsgeschichte Band 1, S. 181.
[2] Vgl. *E. Schunck:* Notstandsrecht, S. 11.

Maßregeln zur Aufrechterhaltung der gesetzlichen Ordnung und Ruhe in Deutschland von 1832: „Die Bundesregierungen sichern sich gegenseitig auf Verlangen die prompteste militärische Assistenz zu, und indem sie anerkennen, daß die Zeitverhältnisse gegenwärtig nicht minder dringend als im Jahre 1830, außerordentliche Vorkehrungen wegen Verwendung der militärischen Kräfte des Bundes erfordern, werden sie sich der Vollziehung des Beschlusses vom 21. Oktober 1830 — betreffend Maßregeln zur Herstellung und Erhaltung der Ruhe in Deutschland — auch unter den jetzigen Umständen, und so lange, als die Erhaltung der Ruhe in Deutschland es wünschenswert macht, ernstlich angelegen seyn lassen"[3]; der dazugehörige Beschluß vom 21. 10. 1830 lautete in Art. 1: „Für die Dauer der gegenwärtigen Zeitverhältnisse sollen ... sämtliche Bundesregierungen zur gegenseitigen Hilfeleistung in der Art verpflichtet seyn, daß, wenn eine den Beistand des Bundes bedürfende Regierung sich wegen Dringlichkeit der Gefahr unmittelbar an eine oder die andere benachbarte Regierung mit dem Ersuchen um militärische Hilfe wendet, diese Hilfe sofort namens des Reiches geleistet werde[4]."

Daß diese Regelungen nicht nur verfassungstheoretische Absicherungen gegen mögliche Störungen im Innern waren, zeigen etwa die Ereignisse des Jahres 1844, als der Aufstand der Schlesischen Weber durch den bewaffneten Einsatz des Militärs niedergeschlagen wurde; 1848 und 1849 haben auf entsprechende Hilfeersuchen der badischen Exilregierung militärische Kräfte die drei Badischen Aufstände auf Anordnung des Reiches bekämpft. Auch konnte, ebenfalls im Jahre 1848, der Frankfurter Aufstand nur dadurch niedergehalten werden, daß österreichische, preußische und hessische Truppen zur Wiederherstellung der Ordnung eingesetzt wurden[5].

In der Bismarckschen Verfassung von 1871 war die Einsatzmöglichkeit des Militärs zum Einschreiten gegen innere Unruhen ausdrücklich vorgesehen. Danach konnte, wenn die öffentliche Sicherheit in einem Teilgebiet des Reiches bedroht war, der Kaiser dort den Kriegszustand erklären (Art. 68 der Reichsverfassung) und die bewaffnete Macht zur Erhaltung der inneren Ordnung einsetzen. Von diesem Recht zur Verhängung des Kriegszustandes in Friedenszeiten mußte jedoch nie Gebrauch gemacht werden.

Eine ebenfalls weitreichende Regelung fand sich in der Weimarer Reichsverfassung (WRV) vom 11. 8. 1919. Dort erhielt der Reichs-

---
[3] Zit.: *E.-R. Huber*, S. 122.
[4] Zit.: *E.-R. Huber*, S. 118.
[5] Vgl. auch *C.-H. Ule*: Der Einsatz militärischer Streitkräfte im Ausnahmezustand, DVBl. 1967, S. 872 unter Bezug auf *E.-R. Huber*: Deutsche Verfassungsgeschichte seit 1789, Band II, S. 509 ff.

präsident in Art. 48 Abs. II WRV umfangreiche Vollmachten für den Fall, daß die öffentliche Sicherheit und Ordnung erheblich gestört oder gefährdet waren; er konnte zur Wiederherstellung ordnungsgemäßer Zustände die nötigen Maßnahmen treffen und erforderlichenfalls mit Hilfe der bewaffneten Macht einschreiten. Dieser Einsatz der bewaffneten Macht war an keine weiteren verfassungsrechtlichen Schranken gebunden; die Reichswehr konnte, wenn es erforderlich war, alle ihr zur Verfügung stehenden Waffen einsetzen[6].

Der Kampf um die innere Stabilität der neuen Staatsordnung und vor allem die teilweise chaotischen Zustände haben dann auch den wiederholten Einsatz der Reichswehr in den Anfangsjahren der Weimarer Republik notwendig werden lassen:

So wurde im Jahre 1919 der Spartakistenaufstand mit Hilfe der bewaffneten Macht (unter Führung des späteren Reichswehrministers Noske) niedergehalten; ein Jahr später bekämpfte die Reichswehr die kommunistischen Aufstände in Sachsen und im Ruhrgebiet, wobei ihr im Ruhrgebiet eine Truppe von Aufständischen von ca. 50 000 Mann gegenüberstand; 1923 wurden schließlich die Aufstände in Sachsen, Thüringen und Hamburg niedergeschlagen.

2. Jetzige Regelung

Ein Blick auf die neueste Verfassungsgeschichte zeigt, daß sich dem Grundgesetz in seiner ursprünglichen Fassung die Frage nach einem bewaffneten Einsatz im Inneren nicht gestellt hat: von einem Einsatz militärischer Kräfte durch den Bundespräsidenten oder den Bundeskanzler entsprechend der Regelung des Art. 48 Abs. II WRV konnte schon deshalb keine Rede sein, weil das Grundgesetz im Jahre 1949 die Institution der Bundeswehr noch nicht kannte.

Erst nach der Aufstellung militärischer Kräfte im Jahre 1955 konnte diese Frage erneut erörtert werden; sie wurde dann im 17. Gesetz zur Ergänzung des Grundgesetzes im Rahmen des Art. 87 a Abs. IV GG in dem Sinne gelöst, daß die Streitkräfte zur Abwehr einer besonderen Gefahrenlage für den Bund oder ein Land zur Unterstützung von Polizei und Bundesgrenzschutz gegen Aufständische eingesetzt werden können.

---

[6] So erklärte der damalige Reichsjustizminister Schiffer in der verfassungsgebenden Deutschen Nationalversammlung (Verhandlungen Bd. 332, S. 4637), der Reichspräsident dürfe in Anwendung des Art. 48 Abs. II WRV Städte mit giftigen Gasen belegen, wenn ihm dies als geeignetes Mittel zur Wiederherstellung der öffentlichen Sicherheit und Ordnung zu sein scheine. (Zit.: *F. K. Fromme*: Ausnahmezustand und Notgesetzgebung, DÖV 1960, S. 734.)

Wenn auch die systematische Stellung des Art. 87 a Abs. IV GG auf mancherlei, z. T. begründete Kritik gestoßen ist[7], so können diese Bedenken inhaltlich — sachlich dadurch einigermaßen aufgewogen werden, daß in Art. 87 a Abs. IV i. V. m. Art. 87 a Abs. II GG der Einsatz der Streitkräfte zur Bekämpfung Aufständischer zumindest abschließend geregelt ist[8].

II. Der Einsatzzweck —
Begriff der „militärisch bewaffneten Aufständischen"

Der Zweck des Einsatzes besteht in der Bekämpfung Aufständischer zur Abwehr drohender Gefahren für den Bund oder ein Land. Die grundlegende Zwecksetzung für das Eingreifen ist mithin die „Abwehr" einer drohenden Gefahr. Der Ausdruck „zur Abwehr" besagt, daß der Einsatz der Streitkräfte unmittelbar der Behebung der Gefahrenlage dienen muß; eine Verwendung des Militärs mit anderer Zielsetzung (z. B. zur Durchsetzung unpopulärer innenpolitischer Vorstellungen oder zur Ausschaltung einer zwar unliebsamen, im übrigen aber legalen Opposition) ist daher nicht statthaft.

Zugleich ist festzuhalten, daß nicht jeglicher Aufstand, nicht einmal jeder „bewaffnete" oder „organisierte" Aufstand mit militärischen Mitteln bekämpft werden darf. Vielmehr müssen die Merkmale der Organisation und der militärischen Bewaffnung zugleich vorliegen, damit eine militärische Gegenaktion gerechtfertigt ist[9].

Dabei sind zwei mögliche Fälle eines Aufstandes denkbar, die diese Merkmale erfüllen:

Einmal kann es sich um meuternde oder putschende Einheiten der Bundeswehr selbst handeln, die es zu bekämpfen gilt, zum anderen aber auch um das Auftreten einer selbständig kämpfenden Bürgerkriegsarmee[10].

---

[7] So z. B. *M. Lepper:* Die verfassungsrechtliche Stellung der militärischen Streitkräfte im gewaltenteilenden Rechtsstaat, S. 174/175; ebenso *K. Hesse:* Grundzüge des Verfassungsrechts, S. 280: hier wird u. a. bemängelt, daß die Verfassungsbestimmungen für den Notstand nicht deutlich von den Regelungen für die Normallage abgehoben sind.
[8] So *v. Mangoldt-Klein,* S. 2304.
[9] *G. Dürig* in M.-D.-H. Art. 87a RN 120 spricht in diesem Zusammenhang — unter Hinweis auf K. Ipsen, a.a.O., RN 168 — von „kumulativ vorausgesetzten minimalen Qualifikationen". Daß die Merkmale der Organisation und militärischen Bewaffnung auch tatsächlich kumulativ und nicht bloß alternativ gewollt waren folgt aus der Intention des Gesetzgebers, die Streitkräfte ausschließlich als ultima ratio zur innerstaatlichen Gefahrenabwehr einzusetzen (*G. Dürig* RN 120).
[10] *Cl. Arndt:* Bundeswehr und Polizei im Notstand, DVBl. 1968, S. 731. Zumindest die zweite der hier aufgezeigten Möglichkeiten (Bürgerkriegsarmee) wird mancherorts heftig in Abrede gestellt. So meint *D. Keidel*

II. Der Einsatzzweck — Begriff der militärischen Bewaffnung

Unter einer „Meuterei" ist eine Situation zu verstehen, in der sich einzelne Truppenteile den rechtmäßigen militärischen Befehlen widersetzen und unter Verwendung der ihnen zur Verfügung stehenden Waffen gegen die staatliche Ordnung auflehnen. Zu beachten ist hierbei, daß der Tatbestand der Meuterei erst dann erfüllt ist, wenn die Meuterer über die bloße Gehorsamsverweigerung hinaus aktiv die freiheitlich demokratische Grundordnung bedrohen[11]. Daß diese meuternden Einheiten die im Grundgesetz aufgestellten Erfordernisse einer militärischen Bewaffnung und einer einheitlichen Organisation erfüllen, wird dann regelmäßig anzunehmen sein, da sie jederzeit auf ihre eigenen, also militärischen Waffen zurückgreifen können; sie werden auch, sobald sie sich selbst aus dem rechtmäßigen militärischen Unterstellungsverhältnis herausgelöst haben, nicht führungs- und ziellos handeln, sondern auf Weisung von Anführern eingesetzt werden und weiterhin eine gewisse militärische Gliederung beibehalten.

Ist der Meutereibegriff verhältnismäßig problemlos zu erfassen, so verlangt demgegenüber die Bestimmung einer Bürgerkriegsarmee ein näheres Eingehen auf eine mögliche innen- und außenpolitische Krisensituation:

Man wird davon auszugehen haben, daß in einem zukünftigen Konfliktsfall die Mobilisierung der Bevölkerung zum Zwecke der Kriegsführung immer weitere Personenkreise in irgend einer Weise umfaßt[12]. Es werden nicht nur reguläre Soldaten das Kriegsgeschehen gestalten, sondern auch — oder sogar vor allem — Zivilisten, die unter einem gemeinsamen Oberbefehl selbst zur Waffe greifen und sich aktiv an den Auseinandersetzungen beteiligen und diese auch zum großen Teil beeinflussen[13]. Es sind dies unprivilegierte Kombattanten, denen das Völkerrecht die Kampfteilnahme nicht ausdrücklich gestattet[14], da sie weder von der Haager Landkriegsordnung noch von der Genfer Konvention dazu legitimiert sind.

Daß eine derartige Bürgerkriegsarmee über eine einheitliche und wirkungsvolle Organisation verfügt, wird wohl die Regel sein. Zu

---

(Polizei und Polizeigewalt im Notstandsfall, S. 64, Anm. 272 a. E.), es sei "ein bewaffneter Aufstand, der nicht von der Bundeswehr ausgehe, angesichts unseres Verfassungsschutzes und seiner Überwachungsmöglichkeiten ausgeschlossen"; ebenso *R. Hoffmann* (Innerer Notstand, Naturkatastrophen und Einsatz der Bundeswehr in: D. Sterzel: Kritik der Notstandsgesetze, S. 108): „ein bewaffneter Aufstand außerhalb der Bundeswehr ... ist ausgeschlossen und irreal." Ähnlich auch die Ausführungen von *R. Kluncker* und *E. Kuhlmann* in der 3. öffentlichen Informationssitzung vom 30. 11. 1967 (Prot. Nr. 59, S. 21 und 24).

[11] So *Cl. Arndt:* Bundeswehr und Polizei im Notstand, DVBl. 1968, S. 731.
[12] So auch *A. Steinkamm:* Die Streitkräfte im Kriegsvölkerrecht, S. 244.
[13] Nähere Beschreibung bei *A. Steinkamm,* S. 21 ff.
[14] *A. Verdross:* Völkerrecht, S. 447.

erörtern ist jedoch, wieweit hier der Begriff der militärischen Bewaffnung auszulegen ist, damit die in Art. 87 a Abs. IV GG geforderten Voraussetzungen erfüllt sind.

Eine militärische Bewaffnung ist unstreitig dann gegeben, wenn die Aufständischen mit Waffen ausgerüstet sind, die ausschließlich zur Ausstattung der militärischen Einheiten gehören. Streitig ist in diesem Zusammenhang nur, ob diejenigen Waffen, mit denen auch die Polizei und der Bundesgrenzschutz (BGS) ausgerüstet sind, mit unter den Begriff einer militärischen Bewaffnung gestellt werden können. Nach der Ansicht von *Cl. Arndt*[15] gelten für den verfassungsrechtlichen Bewaffnungsbegriff i. S. d. Art. 87 a IV GG nur solche Waffen, über die allein die Streitkräfte verfügen, nicht aber auch die Polizei. Demzufolge wäre eine Bürgerkriegsarmee, deren Mitglieder automatische Maschinenwaffen, u. U. auch Granatwerfer oder Handfeuerwaffen auf gepanzerten Fahrzeugen zum Einsatz bringen, nicht militärisch bewaffnet: über derartige Kampfmittel verfügt die Polizei und der BGS auch. Dies würde zugleich bedeuten, daß gegen einen aufständischen Verband, der eben diese Waffen zum Einsatz bringt, den Polizeikräften aber zahlenmäßig überlegen ist und von diesen nicht mehr wirkungsvoll bekämpft werden kann, die Streitkräfte wegen fehlender Voraussetzungen des Art. 87 a Abs. IV GG noch nicht eingesetzt werden können.

Eine derartige Einschränkung der verfassungsrechtlichen Bewaffnungsbestimmung kann jedoch vom Verfassungsgeber nicht beabsichtigt sein. Es ist vielmehr der Ansicht von *G. Dürig*[16] und *K. Ipsen*[17] zu folgen, wonach die Bezeichnung „militärische Bewaffnung" nicht als Steigerungsform einer polizeilichen Bewaffnung anzusehen ist. Vielmehr sind Aufständische schon dann militärisch bewaffnet, wenn sie oder Teile von ihnen mit voll- oder halbautomatischen Waffen, also Maschinenpistolen oder Schnellfeuergewehren ausgerüstet sind, also über Waffen verfügen, die zwar typisch militärisch sind, mit denen aber ausnahmsweise auch die Polizei ausgerüstet ist. Entscheidend für den militärischen Bewaffnungsbegriff ist also, ob die Aufständischen eine Bewaffnung aufweisen, wie sie typischerweise bei den regulären Streitkräften anzutreffen ist[18]. Weitere Unterscheidungen zu treffen oder gar eine genaue Abgrenzung vornehmen zu wollen zwischen spezifischen Polizeiwaffen und spezifischen Militärwaffen dürfte — schon im Hinblick auf die fortschreitende Entwicklung in der Waffentechnik — zu wirklichkeitsfremden Ergebnissen führen[19]. Auch wäre beispielsweise der Fall

---

15 In: Bundeswehr und Polizei im Notstand, DVBl. 1968, S. 732.
16 In *Maunz-Dürig-Herzog*: Grundgesetz — Kommentar, Art. 87a RN 122.
17 In Bonner Kommentar, Art. 87a RN 171.
18 *G. Dürig* in M.-D.-H. Art. 87a RN 122.

denkbar, daß organisierte Terroristengruppen durch zeitlich koordinierte Überfälle auf Waffengeschäfte in verschiedenen Städten der Bundesrepublik sich mit größeren Mengen von Jagdwaffen und der dazugehörigen Munition versorgen, um dann diese Waffen gemeinsam zum Einsatz zu bringen: hier versagt eine sich ausschließlich an den herkömmlichen polizeilichen und militärischen Bewaffnungsterminologien orientierte Waffenbestimmung ihre Dienste: weder Polizei noch Bundeswehr verfügen über Jagdgewehre. Dennoch wird die Gefährlichkeit einer mit entsprechend zahlreichen Jagdwaffen ausgerüsteten aufständischen Organisation nicht unerheblich sein. Man wird hier wohl auch von einer Bewaffnung militärischer Prägung sprechen müssen, sofern die Anzahl der vorhandenen (Jagd-)Waffen eine zahlenmäßige Überlegenheit über die zur Abwehr verfügbaren Mittel der Polizei erkennen läßt und wenn es sich um Jagdgewehre handelt, die in Feuerkraft und Geschoßwirkung den übrigen konventionellen Handfeuerwaffen zumindest gleichartig sind (was zumindest bei einigen Jagdwaffen größeren Kalibers sicherlich bejaht werden dürfte).

Als Ergebnis bleibt somit festzuhalten, daß von einer militärischen Bewaffnung dann auszugehen ist, wenn eine aufständische Einheit über Waffen verfügt, die zwar nach Art und Wirkung denen der Polizei und des BGS ähnlich oder gleich sind, an Zahl aber eine derartige Überlegenheit ausweisen, daß eine wirkungsvolle Bekämpfung durch Polizei und BGS nicht mehr möglich ist.

III. Die rechtlichen Voraussetzungen des Einsatzes

Art 87 a Abs. IV GG verlangt für die Bekämpfung der Aufständischen das Vorliegen von drei Voraussetzungen:

1. Eine drohende Gefahr für den Bestand oder die freiheitlich demokratische Grundordnung des Bundes oder eines Landes.

Diese erste Voraussetzung entspricht wörtlich der Formulierung in Art. 11 Abs. II und Art. 91 Abs. I GG; Teilformulierungen finden sich in Art. 10 Abs. II Satz 2, Art. 18 Satz 1 und Art 21 Abs. II GG. Eine neue Problematik wird durch diese Begriffe nicht geschaffen; auf die bereits vorhandene Kommentierung kann hiermit verwiesen werden[20].

2. Vorliegen der Erfordernisse des Art. 91 Abs. II GG. Diese Vorschrift verlangt folgende Voraussetzungen:

---

[19] Nach G. *Dürig* in M.-D.-H. Art. 87a RN 122 läßt sich eine Unterscheidung in spezifische Polizeiwaffen oder spezifische Militärwaffen überhaupt nicht treffen.
[20] z. B. Th. *Maunz* in M.-D.-H. Art. 21 RN 117 ff. m. w. N.

a) es muß eine Gefahrenlage der gleichen Art vorliegen, wie sie Art. 87 a Abs. IV als erste Voraussetzung für den Einsatz der Streitkräfte fordert. Die Bezugnahme in Art. 87 a Abs. IV GG auf die „drohende Gefahr" in Art. 91 Abs. II GG ist daher gegenstandslos[21].

b) das Land, in dem die Gefahr droht, muß selbst zur Bekämpfung der Gefahr nicht in der Lage oder dazu bereit sein.

Eine Klärung bedarf in diesem Zusammenhang die Frage, wieweit die Bereitschaft eines Bundeslandes zur Gefahrenabwehr zu gehen hat. Nach richtiger Ansicht der Rechtslehre[22] liegt eine Verletzung der Bereitschaft schon dann vor, wenn sich diese nicht in Maßnahmen manifestiert, die objektiv geeignet wären, die drohende Gefahr abzuwenden. (Dazu gehört z. B. auch, daß ein Land trotz Erschöpfung eigener Mittel ohne zwingenden Grund eine Anforderung von Polizeikräften anderer Länder nach Art. 91 Abs. I GG unterläßt; auch dies gilt als fehlende Bereitschaft[23].)

Offen ist dagegen die Frage, ob die getroffenen Maßnahmen auch wirksam sein müssen[24]. Wenn man davon ausgeht, daß der Sinn des Art. 91 GG darin liegt, die Bekämpfung dieser Gefahren zur verfassungsmäßigen Pflicht der Länder zu machen[25], könnte eine zwar verfassungstreue, aber unentschlossene Landesregierung einen effektiven Abwehrkampf blockieren. Zudem wäre der Fall denkbar, daß eine Landesregierung, um ein Eingreifen anderer Kräfte zu unterbinden, unwirksame Maßnahmen trifft, um nach außen hin eine angebliche Bereitschaft zu zeigen.

Es ist daher notwendig, daß die Bereitschaft zur Gefahrenabwehr sich objektiv und subjektiv in der Effektivität der getroffenen Entscheidungen zu manifestieren hat.

3. Nichtausreichen der Polizeikräfte und des Bundesgrenzschutzes:

Nach diesem Wortlaut ist der Rückgriff auf die Streitkräfte erst dann zulässig, wenn Polizei und BGS nicht in der Lage sind, die drohenden Gefahren wirkungsvoll zu beheben. Somit unterliegt die Abwehr von Gefahren gemäß Art. 87 a Abs. IV i. V. m. Art. 91 Abs. I und II GG

---

[21] So auch *K. Ipsen* in BK Art. 87a RN 145; *v. Mangoldt-Klein:* Das Bonner Grundgesetz, S. 2334.
[22] *G. Dürig* in M.-D.-H. Art. 91 RN 29.
[23] So *K. Ipsen* in Art. 87a RN 148.
[24] Dafür *G. Dürig* in M.-D.-H. Art. 87a RN 29; dagegen: *K. Ipsen* in BK Art. 87a RN 148 mit der Begründung, daß dann, wenn sämtliche Maßnahmen eines Landes ineffektiv bleiben, dies zwar als Bereitschaft zur Gefahrenabwehr ausgelegt werden kann, dann aber die zweite Alternative des Art. 91 Abs. II GG („nicht zur Bekämpfung in der Lage") eingreifen müsse.
[25] *G. Dürig* in M.-D.-H. Art. 87a RN 29.

einer besonderen Stufenfolge, wobei die nächste Stufe erst beschritten werden darf, wenn die vorhergehende sich als unzureichend erweist:

— in der ersten Stufe ist die Gefahrenabwehr mit den Kräften zu bewerkstelligen, die dem Land selbst und unmittelbar zur Verfügung stehen; im wesentlichen ist dabei auf die Schutz- und Bereitschaftspolizei zurückzugreifen.

— in der zweiten Stufe kann das Land die nach Art. 91 Abs. I GG vorhandenen Möglichkeiten in Anspruch nehmen (Anforderung von BGS-Kräften und von Polizeieinheiten anderer Länder).

— in der dritten Stufe kann die Bundesregierung die in Art. 91 Abs. II GG aufgeführten Maßnahmen treffen (Polizeikräfte ihren Weisungen unterstellen, BGS-Einheiten einsetzen).

— in der vierten und letzten Stufe ist schließlich der Einsatz der Streitkräfte nach Art. 87 a Abs. IV GG zulässig[26].

Der Einsatz der Streitkräfte ist somit dem gesamten nichtmilitärischen Abwehrpotential subsidiär; er soll nur als „äußerstes Mittel zur Aufrechterhaltung der freiheitlich demokratischen Grundordnung dienen"[27].

In diesem Zusammenhang ist zu klären, ob der Rückgriff grundsätzlich erst dann zulässig sein soll, wenn Polizei und BGS tatsächlich nicht ausreichen, d. h. wenn Polizei- und BGS-Einheiten bereits erfolglos eingesetzt worden sind, die Unterlegenheit sich also im konkreten Fall erwiesen haben muß[28].

Vor der Beantwortung dieser Frage ist nochmals festzuhalten, daß der Einsatz des Militärs nach den aus Art. 87 a Abs. IV GG ersichtlichen verfassungsrechtlichen und -politischen Intentionen nur als das äußerste Mittel zulässig ist[29]. Es ist richtig, daß bei vorschnellen Einsätzen der Streitkräfte im Innern die Gefahr der Vorherrschaft eines allein auf die bewaffnete Macht gestützten und nicht mehr demokratisch legitimierten Staatsapparates besteht. Die vielfältigen Möglichkeiten eines Mißbrauchs, wie z. B. die Bekämpfung nicht systemkonformer, aber noch auf dem Boden der Verfassung stehender politischer Organisationen oder überhaupt die Ausschaltung einer mißliebigen inneren Opposition, der man leicht Umsturzabsichten unterstellen kann, sollen

---

[26] Nach *K. Ipsen* in BK Art. 87a RN 155, übernommen von *v. Mangoldt-Klein*, S. 2335 handelt es sich hierbei um die „landeseigene Stufe — Anforderungsstufe — Weisungsstufe — Bundeswehrstufe".
[27] Schr. Bericht des Rechtsausschusses vom 9. 5. 1968 (BT-Drucks. V/2873).
[28] So in der Tat *Cl. Arndt:* Bundeswehr und Polizei im Notstand, DVBl. 68, S. 731 und *v. Mangoldt-Klein*, S. 2335, unter unvollständiger und mithin nicht ganz zutreffender Berufung auf *K. Ipsen* in BK Art. 87a RN 152 - 154.
[29] Vgl. dazu Fußnote 24.

hier nur am Rande vermerkt werden[30]. Der Einsatz des Militärs gegen Aufständische wird in einem demokratisch geführten Staat immer die letzte Möglichkeit eines innerstaatlichen Eingriffs bleiben müssen.

Demgegenüber bringt die von Cl. Arndt und von v. Mangold-Klein vertretene Forderung nach der vollständigen Inanspruchnahme der bereits vorhandenen Polizei- und BGS-Kräfte, bevor die militärischen Kräfte zum Einsatz kommen, ein großes Risiko, nicht nur für die eingesetzten Ordnungskräfte, sondern auch für die Zivilbevölkerung, mit sich. Um dies zu verdeutlichen, soll hier die Situation, in der bewaffnete Aufständische vermutlich tätig werden, nochmals aufgezeigt werden:

Es ist davon auszugehen, daß in einem inneren Konfliktsfall die organisierten und militärisch bewaffneten Terroristen sich zunächst in zweckmäßigerweise einzelne Gruppen aufspalten, um durch eine Vielzahl kleinerer, aber gezielter Einzelunternehmen, wie Sabotageakte, Überfälle und Attentate das Gefüge des Staates zu gefährden. Mit Hilfe einer gezielten Ideologisierung dieser Einzelunternehmungen wird es den Aufständischen gelingen, innerhalb kürzester Frist bürgerkriegsähnliche Zustände herbeizuführen, wobei ein großer Teil der an sich unbeteiligten Zivilbevölkerung durch die illegalen Gewaltanwendungen in Mitleidenschaft gezogen werden wird. Eine solche Eskalation von Einzelaktionen zu Gewaltmaßnahmen bürgerkriegsähnlichen Charakters kann durchaus in einem Zeitraum erfolgen, in dem sich die Unterlegenheit der Polizei- und BGS-Kräfte bereits abzeichnet, bevor diese voll zum Einsatz gekommen sind.

Wollte man nun von der Voraussetzung ausgehen, daß erst sämtliche Mittel des Art. 91 Abs. I und II GG ausgeschöpft werden sollen, so hieße das, die Auseinandersetzungen grundlos zu verzögern und darüberhinaus die Polizei- und BGS-Kräfte unnötigen und gefahrvollen Belastungen auszusetzen, da sie ihre Unzulänglichkeit zur Bekämpfung der Aufständischen erst im Einsatz beweisen müßten. Dasselbe gilt, wenn gewisse Erfolgschancen für nichtmilitärische Abwehrmittel zwar vorhanden sind, diese aber erst nach einer unverhältnismäßig langen Dauer oder unter großen Einbußen zum Erfolg führen würden.

Unter diesen Umständen ist es gerechtfertigt, sofort auf die Streitkräfte zurückzugreifen, ohne daß vorher die in Art. 91 Abs. II GG auf-

---

[30] Dagegen ist die Auffassung von R. *Hoffmann:* Innerer Notstand, Naturkatastrophen und Einsatz der Bundeswehr, in: D. Sterzel: Kritik der Notstandsgesetze, S. 98 zu weitgehend, wonach jeglicher Einsatz der Bundeswehr nach Art. 87a Abs. IV GG verfassungswidrig sei, weil sich der Einsatz bewaffneter Streitkräfte im Innern generell als innenpolitisches Machtinstrument darstelle und mithin ein verfassungsrechtlich nicht legitimierter Mißbrauch der Staatsgewalt sei.

geführten Kräfte in ihrer Gesamtheit eingesetzt worden sind. Zwar besteht nach wie vor die grundsätzliche Forderung der völligen Inanspruchnahme des Abwehrpotentials nicht militärischer Kräfte; angesichts einer Gefahrenlage aber, die von vornherein zur alleinigen wirkungsvollen Abwehr den Einsatz der Streitkräfte notwendig macht, wäre es verantwortungslos, nichtmilitärische Kräfte offensichtlich erfolglos einzusetzen oder gar weitgehend vernichten zu lassen, bevor die erste Einheit der Bundeswehr die Kaserne verlassen dürfte[31].

Offen bleibt noch die Frage, inwieweit bei einem derartigen sofortigen Einsatz der Streitkräfte die Polizei- und BGS-Einheiten ebenfalls mit zur Gefahrenabwehr heranzuziehen sind.

Nach dem Gesetzeswortlaut können die Streitkräfte nur „zur Unterstützung" von Polizei und BGS eingesetzt werden. Das Gesetz geht also von einem zumindest gleichzeitigen Einsatz von Polizei und Militär aus, auch wenn sich der Einsatz von Polizeitruppen z. B. wegen nicht hinreichender Ausrüstung von Waffen und Gerät gegenüber der kriegsmäßigen Bewaffnung der Aufständischen als unzweckmäßig erweist. Kommt die Bundesregierung auf Grund ihrer Lagebeurteilung zu dem Ergebnis, daß die Erfolgsaussichten eines Rückgriffs auf Polizei- und BGS-Kräfte zur Gefahrenabwehr gering sind, so müssen zumindest gleichzeitig mit der Entscheidung für den Einsatz militärischer Kräfte auch die Möglichkeiten des Art. 91 Abs. II GG ausgeschöpft werden[32].

In der Praxis dürfte das so aussehen, daß der Einsatzbefehl für Polizei und BGS spätestens zum selben Zeitpunkt wie der Einsatzbefehl für den Einsatz der Streitkräfte gegeben werden muß; militärische Einheiten werden somit immer zusammen mit Polizei- und BGS-Kräften operieren müssen. Den alleinigen Einsatz der Streitkräfte verbietet eindeutig die Bestimmung des Art. 87 a Abs. IV GG.

IV. Die Durchführung des Einsatzes

1. Die Anordnung über Einsatzbeginn und Einsatzende

Nach der Formulierung des Gesetzes kann nur die Bundesregierung als solche den Einsatz nach Art. 87 a Abs. IV GG anordnen; die Befehls- und Kommandogewalt des Bundesministers für Verteidigung nach Art. 65 a GG reicht hierzu nicht aus[33]. Die Anordnung eines Einsatzes

---

[31] So im Ergebnis auch *K. Ipsen* in BK Art. 87 a RN 153 und *W. Brunkow:* Rechtliche Probleme des Einsatzes der Bundeswehr auf dem Territorium der Bundesrepublik Deutschland nach Art. 87 a GG, S. 106.
[32] *K. Ipsen* in BK Art. 87 a RN 154.
[33] *Cl. Arndt*, DVBl. 1968, S. 732.

bedarf eines förmlichen Kabinettsbeschlusses der Bundesregierung, also der Gesamtheit des Kollegiums von Bundeskanzler und sämtlichen Bundesministern, Art. 62 GG[34]. Die Frage, ob etwa der Bundeskanzler im Rahmen seiner Richtlinienkompetenz die Entscheidung über das militärische Einschreiten alleine fällen kann, muß verneint werden: der Bundeskanzler kann nicht die der Bundesregierung als Kollegium gesetzlich zugewiesenen Kompetenzen an sich ziehen und an deren Stelle ausüben[35]; dies gilt wie in Art. 87 a Abs. IV GG regelmäßig überall dort, wo das Grundgesetz diesen Ausdruck verwendet[36].

Demgegenüber ist die Bundesregierung in ihrer Entscheidung, wann der Einsatz einzustellen ist, an das Verlangen des Bundestages oder des Bundesrates gebunden, Art. 87 a Abs. IV Satz 2 GG[37]. Es kann somit jedes einzelne der beiden obersten Bundesorgane zu jeder Zeit in Betätigung seines autonomen politischen Ermessens die Einstellung des Einsatzes erwirken[38], wobei für das Einstellungsverlangen je ein einfacher Beschluß genügt, der mit Abstimmungsmehrheit gemäß Art. 42 Abs. II Satz 1 bzw. mit Mitgliedermehrheit gemäß Art. 52 Abs. III Satz 1 gefaßt werden kann[39]. Dem Einstellungsverlangen des Bundestages bzw. Bundesrates ist unmittelbar und unbedingt Folge zu leisten, wie es sich aus der Formulierung „ist einzustellen" unzweideutig ergibt[40].

Dennoch handelt es sich bei dem Recht aus Art. 87 a Abs. IV Satz 2 nicht um ein „parlamentarisches Kassationsrecht"[41]. Wenn auch dem Verlangen der Parlamente Folge zu leisten ist, so kann nur die Bundesregierung den Befehl erteilen, den Einsatz einzustellen. Im Falle einer Weigerung der Bundesregierung, dem Einstellungsverlangen nachzukommen, bleibt den Parlamenten nur der Weg über einen Organstreit vor dem BVerfG gemäß Art. 93 Abs. I Nr. 1 i. V. m. § 13 Nr. 5 und §§ 63 mit 67 BVerfGG, um auf ein Ende des Einsatzes hinzuwirken[42]; eine direkte und unmittelbare Einwirkungsmöglichkeit ist ihnen hingegen versagt.

Zu überlegen ist schließlich, ob die Bundesregierung nach einmal ausgesprochenen Einstellungsverlangen die Maßnahme nach Art. 87 a

---

[34] D. Keidel, S. 125.
[35] v. Mangoldt-Klein, S. 1197.
[36] Vgl. dazu A. Hamann: Grundgesetz, Erl. C 1 Abs. 1 zu Art. 62; Th. Maunz: Staatsrecht, S. 366.
[37] Eine ähnliche Regelung fand sich übrigens in Art. 48 Abs. III Satz 2 WRV, wonach alle gemäß Abs. I od. II dieses Artikels getroffenen „Maßnahmen auf Verlangen des Reichstages außer Kraft zu setzen waren".
[38] So K. Ipsen in BK Art. 87 a RN 183.
[39] Vgl. v. Mangoldt-Klein, S. 2338 m. w. Nw.
[40] v. Mangoldt-Klein, S. 2338 m. w. Nw.
[41] G. Dürig in M.-D.-H. Art. 87 a RN 127.
[42] v. Mangoldt-Klein, S. 2338.

IV. Die Durchführung des Einsatzes

Abs. IV GG wiederum — womöglich innerhalb kürzester Frist — erlassen kann und somit die Möglichkeit zur Umgehung der Einwirkungsbefugnis der Parlamente besitzt:

Einem vorbehaltslosen erneuten Einsatz steht dabei wohl der Zweck dieser Vorschrift entgegen: Der militärische Einsatz im innenpolitischen Notstand darf nicht unumschränkt zur „Stunde der Exekutiven"[43] werden; vielmehr soll auch in dieser Situation eine aktive parlamentarische Kontrolle bestehen. Eine sofortige Anordnung eines erneuten Einsatzes wäre sicherlich ein Verstoß gegen die hier festgelegte Überordnung der Parlamente.

Eine Ausnahme sollte nur dort bestehen, wo inzwischen eine Veränderung der Verhältnisse und damit eine neue Sachlage eingetreten ist[44]: dann wird einem erneuten Einsatz trotz vorangegangener Einstellung auf Grund des parlamentarischen Verlangens nichts im Wege stehen[45].

2. Das Unterstellungsverhältnis

Die Möglichkeit des Einsatzes bestimmt sich nach Art. 87 a Abs. IV GG „zur Unterstützung der Polizei und des BGS". Diese Formulierung gibt Anlaß zur Untersuchung, wem die Streitkräfte im Einsatzfall unterstellt werden und wessen Befehle sie letzthin auszuführen haben.

Die vordergründige Frage, ob dabei die bei der Bekämpfung der Aufständischen eingesetzten militärischen Einheiten ganz aus dem Befehls- und Unterstellungsverhältnis der Streitkräfte herauszulösen und der Befehls- und Kommandogewalt der Polizei zu unterstellen sind, wird im Schrifttum unterschiedlich beurteilt.

Die ursprünglich vom Rechtsausschuß des Bundestages gewählte Formulierung, die Streitkräfte „als Polizeikräfte" einzusetzen[46], veranlaßte *H. Ehmke*[47] zu der Ansicht, die Befehlsgewalt als polizeiliche Aufgabe dem Bundesinnenminister (in seiner Funktion als oberster Befehlshaber des BGS) zu übertragen. Ähnlich lautete die Auffassung von *Cl. Arndt*[48], die BW-Einheiten unter die Leitung und Führung desjenigen zu stellen, dem die Führung der Polizei obliegt (nach seiner Meinung dem Landesinnenminister, ggf. auch dem Bundesinnenminister).

---
[43] *K. Ipsen* in BK Art. 87 a RN 155.
[44] Ähnlich die Kommentierung zu Art. 48 Abs. III WRV bei *G. Anschütz:* Die Verfassung des Deutschen Reiches, S. 294.
[45] Ebenfalls *v. Mangoldt-Klein*, ebenda.
[46] Regierungsentwurf III, BT-Drucks. V/1879.
[47] In der Aussprache zu: Führung und Organisation der Streitkräfte im demokratisch-parlamentarischen Rechtsstaat, VVDStRL Heft 26, S. 281.
[48] Die Polizei im Notstandsfall, in: Die Polizei 1968, S. 129.

Dagegen hat aber schon damals *H.-U. Evers*⁴⁹ richtig darauf hingewiesen, daß eine derartig globale Übertragung der Befehlsbefugnisse auch nach der Maßgabe eines Einsatzes „als Polizeikräfte" nicht mit Art. 65 a GG in Einklang zu bringen sei.

Nachdem die ursprüngliche Formulierung „als Polizeikräfte" zugunsten der jetzigen Bestimmung „zur Unterstützung der Polizei und des BGS" abgeändert wurde, konnte zumindest *Cl. Arndt*⁵⁰ seine Ansicht dahingehend revidieren, daß die Einheiten der Bundeswehr grundsätzlich im militärischen Befehls- und Unterstellungsverhältnis verbleiben, im übrigen aber während der Dauer ihres Einsatzes im Innern der unmittelbaren Weisungsbefugnis desjenigen zu unterstellen seien, dem im konkreten Fall die Führung der Polizei obliege, da die Länder auch in diesem Stadium die volle Verantwortung für die innere Sicherheit zu tragen hätten⁵¹. Dieser Forderung nach einer Unterstellung der Bundeswehreinheiten unter eine unmittelbare Weisungsbefugnis etwa eines Landesinnenministers kann jedoch aus folgenden Gründen nicht gefolgt werden:

Nach Art. 65 a bzw. nach Art. 115 a GG hat der Bundesminister der Verteidigung bzw. der Bundeskanzler die Befehls- und Kommandogewalt über die Streitkräfte. Wenn nun die gegen Aufständische eingesetzten Einheiten der unmittelbaren Weisungsbefugnis eines Landesinnenministers unterstellt werden sollen, so ergibt sich daraus zwangsläufig, daß die betroffenen Einheiten für die Dauer ihres Einsatzes aus der Befehls- und Kommandogewalt des BMinVtg. bzw. des Bundeskanzlers herausgenommen werden; andernfalls würde die Weisungsbefugnis eines Landesinnenministers jeglichen Wertes entbehren, da sie jederzeit durch die Befehlsgewalt des BMinVtg./Bundeskanzlers ausgeschaltet werden könnte. Eine derartige Herauslösung aus der in Art. 65 a/115 b GG eindeutig festgelegten Unterstellung sieht die Verfassung indessen nicht vor; Art. 65 a/115 b GG stehen einer generellen Übertragung grundsätzlich entgegen⁵². Zudem kann aus dem Argument, daß die Länder für ihre innere Sicherheit allein verantwortlich sind, nicht zugleich der Schluß gezogen werden, daß auch eine Landesbehörde (eventuell der Innenminister des betroffenen Landes) die Weisungsbefugnis über die militärischen Kräfte übernimmt: Gerade in den Fällen des Einsatzes im Innern verlangt die Verfassung das Vorliegen der Voraussetzungen des Art. 91 Abs. II GG, d. h. es muß von vornherein

---

⁴⁹ Die perfekte Notstandsverfassung, AöR 91, S. 27.
⁵⁰ Bundeswehr und Polizei im Notstand, DVBl. 1968, S. 731.
⁵¹ Diese Meinung wird von *v. Mangoldt-Klein*, S. 2336 übernommen; ähnlich *E. Widder/S. Bleck*: Bundeswehr und Polizei, Truppenpraxis Heft 2 (1969), S. 99.
⁵² So auch *H.-U. Evers*, Anm. 59.

IV. Die Durchführung des Einsatzes

eine Situation vorliegen, die der Bundesregierung die Möglichkeit gibt, die Polizeikräfte eines Landes ihrer eigenen Weisungsgewalt zu unterstellen. Somit sind die Länder in diesem Zeitpunkt eben nicht mehr allein für ihre innere Sicherheit verantwortlich, da die Bundesregierung bereits die Maßnahmen zur Gefahrenabwehr an sich gezogen hat. Folglich kann daraus auch keine Forderung nach der alleinigen Weisungsbefugnis einer Landesbehörde über die militärischen Kräfte erhoben werden. Weiterhin würde bei einer derartigen Befugnis eines Landes die paradoxe Lage eintreten, daß unter Voraussetzung des Art. 91 Abs. II GG die Landespolizei als Bestandteil der Landesexekutive der Weisungsgewalt der Bundesregierung unterworfen wäre, der nachfolgende Einsatz der Bundeswehr aber — obwohl Bestandteil der Bundesexekutive — von dem jeweiligen Landesinnenminister gelenkt würde: ein solches Ergebnis kann nicht richtig kein.

Letztlich ist zu bedenken, daß eine der beiden Voraussetzungen des Art. 91 Abs. II GG verlangt, daß ein Land zur Gefahrenabwehr nicht selbst bereit ist. Wie also sollte die Gefahr wirkungsvoll bekämpft werden, wenn die Ausübungskompetenz hinsichtlich der militärischen Befehlsgewalt dem Land zugeordnet ist, das sich überhaupt nicht gegen die Gefahr wehren will? Eine derartige Weisungszuordnung würde den Einsatz des Militärs ad absurdum führen.

Eine modifizierte Ansicht zu diesem Thema vertritt der für die Neufassung der Notstandsvorschriften in maßgeblicher Weise verantwortliche Bundestags-Rechtsausschuß, wonach „die Befehls- und Kommandogewalt auch über die im Innern eingesetzten Streitkräfte bei der Bundesregierung bzw. dem nach Art. 65 a GG zuständigen Bundesminister der Verteidigung verbleiben, daß andererseits der Einsatz sich den Zielen und Maßnahmen der Polizeibehörden einzuordnen hat"[53].

Zunächst wird hier in eindeutiger Weise festgestellt, daß die zur Abwehr innerer Gefahren eingesetzten militärischen Teile nicht aus ihrer verfassungsmäßig zugeordneten Kommandogewalt herausgelöst werden; in welcher Art und Weise jedoch diese „Einordnung" erfolgen soll, bedarf einer näheren Erläuterung. Eine dem Wortlaut des Gesetzes und den Vorstellungen des Rechtsausschusses beiderseits gerecht werdende Lösung scheint allein darin zu liegen, daß der Einsatz nach Absprache und Koordination zwischen den einzelnen zivilen und militärischen Dienststellen, im übrigen aber unter Beibehaltung bestehender Unterstellungsverhältnisse erfolgen soll. Diese Form des Zusammenwirkens gewährleistet die jeweilige Unabhängigkeit der Polizei wie auch der militärischen Einheiten, schafft aber auch eine

---

[53] BT-Drucks. V/2873, S. 14.

gemeinsame Basis der Aktionen und verhindert ein mögliches Gegeneinanderarbeiten der einzelnen Organe.

Im Einsatzfall kann eine Koordination in dem Sinn stattfinden, daß die obere Führung[54] die jeweiligen Absprachen mit den zur Leitung der Polizei- und BGS-Kräfte verantwortlichen Stelle trifft, wobei die entsprechenden Befehle von der oberen über die mittlere an die untere Führung weitergegeben werden. Somit bleibt sichergestellt, daß die untere Führung, die letzthin den Einsatz zu bewerkstelligen hat, ihre Befehle direkt und unmittelbar von der vorgesetzten Dienstbehörde empfängt, also nicht aus dem militärischen Unterstellungsverhältnis herausgelöst wird. Im Dringlichkeitsfalle dürfte eine Koordinierung auch zwischen der mittleren oder unteren Führung und den entsprechenden Polizeidienststellen möglich sein; sollte die Situation eine direkte Koordination der Polizeikräfte und der unteren Führung erfordern, so sollte wegen der Bedeutung des Einsatzes diese Absprachen und Entscheidungen von der militärischen Seite zumindest im Bataillonsrahmen getätigt werden.

3. Einsatz nach polizeilichen oder militärischen Gesichtspunkten

Eng verbunden mit der Frage nach dem Unterstellungsverhältnis stellt sich das Problem, ob und wieweit die im Innern eingesetzten Streitkräfte nach polizeirechtlichen Grundsätzen zu handeln gehalten sind oder ob sie kraft eigenen Rechts und nur nach den Grundsätzen des Kriegsvölkerrechts tätig werden können; m. a. W.: muß die Bundeswehr beim Einsatz gegen Aufständische unter Beachtung des Grundsatzes der Verhältnismäßigkeit, also unter möglichster Schonung des Angreifers mit dem Ziel, ihn allenfalls angriffs- und fluchtunfähig zu machen, die inneren Störungen beseitigen oder können die eingesetzten Teile den inneren Gegner nach militärischen Kampfgrundsätzen begegnen mit dem Ziel, diesen möglichst stark zu treffen und u. U. vollständig zu vernichten.

Noch im Regierungsentwurf III[55] war der Einsatz der Streitkräfte „als Polizeikräfte" vorgesehen worden, wodurch eine Bindung der militärischen Kräfte an die Vorschriften des Polizeirechts und dessen rechtsstaatliche Schranken erfolgt wäre[56]. Die bewußte Abkehr von

---
[54] Zur Erläuterung: Die militärische Führung gliedert sich nach der taktischen Grundkonzeption in die:
— obere Führung (Großverbände von Korps an aufwärts)
— mittlere Führung (Divisionen, Brigaden)
— untere Führung (Regimenter, Bataillone, Kompanien/Batterien)
(entnommen aus: ZDv 1/50, Nr. 13 ff.).
[55] BT-Drucks. V/1879, s. auch FN 46.
[56] So auch *Cl. Arndt*: Die Polizei im Notstandsfall in: Die Polizei 1968, S. 129.

IV. Die Durchführung des Einsatzes

dieser ursprünglich gewählten Formulierung „als Polizeikräfte" und die nunmehr gewählte Regelung, wonach den Streitkräften nur eine Unterstützungsfunktion gegenüber der Polizei zukommt[57], gibt noch keinen unmittelbaren Aufschluß über die Rechtsgrundlagen des Eingreifens[58]. Man wird bei der Beantwortung dieser Frage zunächst auf die praktischen Erfordernisse und auf die Vor- und Nachteile eingehen müssen, die eine Bindung der Streitkräfte etwa an polizeirechtliche Grundsätze mit sich bringen:

Ein gleichzeitiger Einsatz von Polizei, BGS und Bundeswehr verlangt notwendigerweise nach einer einheitlichen Führung. Eine solche wird nach Maßgabe der Koordinierung zwischen der oberen bzw. mittleren oder unteren Führung der Bundeswehr einerseits und der für die Führung der Polizeikräfte verantwortlichen Stellen andererseits zu bewerkstelligen sein (s. oben III, 2). Diese Einheitlichkeit in der Führung wird durch eine gemeinsame Grundkonzeption des Einsatzes erleichtert: Wenn Polizeitruppen und militärische Einheiten zur Bekämpfung der Aufständischen mit verschiedenen Einsatzgrundsätzen operieren, so kann das nicht nur Komplikationen bei der Koordinierung selbst ergeben, sondern auch das Einsatzziel, nämlich die Gefahrenabwehr, hinauszögern oder gar in Frage stellen.

Darüberhinaus wird von den Befürwortern eines Einsatzes nach Polizeigrundsätzen[59] ausgeführt, daß die in einer langen Entwicklung erreichte Trennung zwischen polizeilichen und militärischen Funktionen wieder aufgehoben, zumindest aber stark abgeschwächt werden könnte[60].

Auf der anderen Seite wird man unter Zugrundelegung polizeilicher Rechtsgrundsätze für die militärischen Kräfte zu beachten haben, daß sich dadurch die Streitkräfte in eine starke Abhängigkeit von der zivilen Führung begeben könnten, die schließlich de facto zu einer unzu-

---

[57] Schr. Bericht des BT-Rechtsausschusses vom 9. 5. 1968, BT-Drucks. V/2873.
[58] Nach der Ansicht von *D. Keidel* (Polizei und Polizeigewalt im Notstandsfall, S. 67) kann die Formulierung „zur Unterstützung der Polizeikräfte" mindestens soviel entnommen werden, daß die Streitkräfte nicht generell an die Mittel, insbesondere die Bewaffnung und die Befugnisse der Polizei gebunden sind.
[59] z. B. *L. Dierske:* Die Heranziehung der Bundeswehr zur Erfüllung polizeilicher Aufgaben, Die Polizei 1964, S. 356.
[60] Nicht zutreffend dürfte die in diesem Zusammenhang von *L. Dierske*, a.a.O., geäußerte Ansicht sein, daß ein polizeilicher Einsatz von einem taktischen und einem politischen Entschluß der Führung beherrscht sei, daß für den militärischen Einsatz hingegen nur der taktische Entschluß maßgebend sei, wobei bei einem Eingreifen durch die Streitkräfte weitgehende nachteilige politische Folgen ausgelöst würden: bei einer Gefahrenlage i. S. d. Art. 91 Abs. II GG wird jeder Einsatz, sei es von Polizei, BGS oder Bundeswehr von politischen Motiven mitbestimmt sein, da hier die BReg. selbst in die politische Eigenständigkeit eines Bundeslandes unmittelbar eingreift.

lässigen Herauslösung aus dem militärischen Unterstellungsverhältnis führen können.

Entscheidendes Gewicht für die Abgrenzung der Einsatzgrundsätze wird jedoch der konkreten Situation beizumessen sein, in der die Bundesregierung sich veranlaßt sehen wird, die Streitkräfte im Innern zum Einsatz zu bringen: es werden dann nicht mehr einzelne Störer, sondern ganze bewaffnete und organisiert kämpfende Einheiten auftreten, wobei Polizei und BGS nach Maßgabe von Art. 87 a Abs. IV GG nicht mehr in der Lage sind, die Gefahrenabwehr mit ihren eigenen personellen und materiellen Mitteln zu bewerkstelligen: In diesem Augenblick, in dem die Streitkräfte als ultima ratio zum Einsatz kommen, werden bereits bürgerkriegsähnliche Zustände vorherrschen; hier geht es um die Existenz des Staates und nicht mehr um ein bestimmtes polizeiliches Tätigwerden[61].

Auch kann das auf den einzelnen Störer und dessen Abwehr mit dem geringstmöglichen Aufwand ausgerichtete Polizeirecht nicht in der Lage sein, einen innerstaatlichen Konflikt, der alle Merkmale des modernen Kriegsgeschehens mit sich führt, zu meistern: Ein Einsatz der Streitkräfte nach der Maßgabe, nur den einzelnen Terroristen kampf- und fluchtunfähig zu machen, würde einen einmal ausgebrochenen Bürgerkrieg nicht beenden, sondern diesen, mangels unzureichender Abwehrmaßnahmen der Streitkräfte, nur hinauszögern und weiter verschärfen. Zudem wäre ein Aufstand, der unter Beteiligung meuternder Truppenteile selbst ausgebrochen ist, keinesfalls mit den Mitteln des Polizeirechts zu bekämpfen, wenn etwa auf der aufständischen Seite militärisch ausgebildete und nach kriegsmäßigen Grundsätzen kämpfende Putschisten gegenüberstünden, die ihrerseits nicht an das materielle Polizeirecht gebunden sind.

Wenn man somit — aus diesen mehr praktischen Erwägungen heraus — zwangsläufig zu dem Ergebnis kommen muß, daß ein Einsatz für die Streitkräfte nur nach militärischen, nicht aber nach polizeirechtlichen Grundsätzen erfolgen kann, so ist diese These durch spezifisch rechtliche Überlegungen noch weiter zu erhärten:

Ein Einsatz des Militärs nach polizeirechtlichen Grundsätzen unter den Rechtsnormen des jeweiligen Polizeirechts des betreffenden Landes bedeutet zugleich, daß ein Bundesorgan nach landesrechtlichen Vorschriften tätig werden könnte. Dem steht aber die Regelung des Art. 83 GG entgegen: Wenn in diesem Artikel für den Regelfall den Ländern die Ausführung der Bundesgesetze als eigene Angelegenheiten übertragen

---

[61] So *A. Frhr v. d. Heydte* in Aussprache zu: Führung und Organisation der Streitkräfte im demokratisch-parlamentarischen Staat, VVDStRL Heft 26, S. 281.

IV. Die Durchführung des Einsatzes

ist, so wird daraus von der h. M. im Umkehrschluß das Verbot einer entsprechenden Tätigkeit des Bundes gezogen[62]. Ebenso bestimmt die Rechtsprechung des BVerfG, daß die Organe des Bundes niemals zum hoheitlichen Vollzug von Landesrecht zuständig sein könnten[63]. Somit können die Streitkräfte, die als Organ der Bundesexekutive nur dem Bundesrecht unterworfen sind, grundsätzlich nicht zum Vollzug eines Polizeigesetzes, also einer landesrechtlichen Vorschrift, herangezogen werden.

Unter Beachtung dieser h. M. und höchstrichterlichen Rechtsprechung wäre es nunmehr verfehlt, die Regelung des Art. 87 a Abs. IV GG als Ermächtigung gemäß Art. 83 („soweit dieses Grundgesetz nichts anderes bestimmt oder zuläßt") für die Streitkräfte als Bundesorgan zum Vollzug landesrechtlicher Vorschriften zu werten und somit die Entscheidung des BVerfG praktisch zu unterlaufen, zumal das Schrifttum mit Recht fordert, daß eine derartige Ermächtigung ausdrücklich durch eigene Vorschriften des Grundgesetzes zu geschehen habe[64]. Art. 87 a Abs. IV GG kann aber selbst bei weitester Auslegung nicht als eine ausdrückliche Ermächtigung angesehen werden[65], so daß festzuhalten bleibt, daß die Streitkräfte nicht nach landespolizeirechtlichen Vorschriften eingesetzt werden können.

Ebenso scheiden die bundespolizeirechtlichen Vorschriften als Rechtsgrundlage aus: Das Gesetz zur Anwendung unmittelbaren Zwanges durch Polizei- und Vollzugsbehörden (UZwG) kann keine Anwendung finden, da die hier eingesetzten Einheiten in jeder Hinsicht Militär bleiben. Sie werden nicht „als Polizeikräfte" eingesetzt, wie es noch in früheren Entwürfen der Bundesregierung (s. FN 55) beabsichtigt war; bei diesem Wortlaut hätte man noch dazu neigen können, die im Innern eingesetzten Truppenteile wie Polizeibeamte zu behandeln und sie dem UZwG zu unterstellen: bei der jetzigen Formulierung „zur Unterstützung der Polizei" ist dies nicht mehr möglich. Auszuscheiden hat auch das Gesetz zur Anwendung unmittelbaren Zwanges durch Angehörige der Bundeswehr und deren Vollzugsorgane (UZwGBw.), da dessen lokale Begrenzung auf militärische Bereiche bzw. dessen funktionale Begrenzung auf den militärischen Wach- und Sicherheitsdienst eine Anwendung auf die weitergehende Bekämpfung von Aufständischen im Außenbereich von selbst verbieten[66].

---

[62] Für viele: *Th. Maunz* in M.-D.-H. Art. 83 RN 10.
[63] BVerfGE 12, 221.
[64] So *Th. Maunz* in M.-D.-H. Art. 83 RN 29.
[65] So im Ergebnis auch *K. Ipsen* in BK Art. 87 a RN 120 für die ähnlich gelagerte Regelung des Art. 87 a Abs. III Satz 2 GG; eine Aufzählung von tatsächlichen Ermächtigungen s. *Th. Maunz* in M.-D.-H. Art. 83 RN 29.
[66] Vgl. dazu *E. Jess* und *S. Mann*: Gesetz über die Anwendung unmittelbaren Zwanges durch die Bundeswehr, Berlin 1966, S. 66.

Da nun polizeirechtliche Grundsätze mangels landes- oder bundespolizeilicher Ermächtigungsgrundlagen für den innerstaatlichen Einsatz sowohl aus praktischen wie auch aus verfassungstheoretischen Erwägungen nicht in Betracht kommen, verbleiben als Einsatzgrundlagen nur die gemäß Art. 25 GG zum Bundesrecht gehörenden Regeln des Kriegsrechtes. Demnach sind die in einer Bürgerkriegssituation eingesetzten militärischen Kräfte berechtigt, alle zur Niederwerfung des Gegners zweckdienlichen Mitteln anzuwenden[67]. Es ist also jenes Maß und jene Art geordneter Gewalt zulässig, die für die teilweise oder völlige Niederwerfung der bewaffneten Aufständischen mit dem geringstmöglichen Aufwand an Zeit, Menschenleben und psychischen Hilfsmitteln erforderlich sind[68]; das soweit nach dem Kriegsvölkerrecht erlaubte Mittel der Zweckdienlichkeit des Einsatzes zur Niederwerfung des Gegners geht hier dem polizeirechtlichen Grundsatz der Gefahrenabwehr mit den geringsten Mitteln vor; ein Ergebnis, das vor allem unter Betrachtung der dann vorherrschenden Bürgerkriegssituation nicht mehr abgeleugnet werden kann[69].

Zweifel an der Anwendung dieser kriegsrechtlichen Grundsätze können allenfalls bei der Überlegung entstehen, daß es sich hier nicht um einen internationalen Konflikt, also um einen Krieg zwischen zwei oder mehreren Nationen handelt, sondern um eine mit Waffengewalt ausgetragene innerstaatliche Auseinandersetzung, daß also gar kein Krieg im traditionellen Sinne vorliegen könnte. Das Fehlen eines materiellen Kriegsbegriffes würde daher u. U. die Anwendung kriegsvölkerrecht-

---

[67] Zu diesen (allgemeinen) kriegsrechtlichen Grundsätzen vgl. *A. Verdross:* Völkerrecht, 5. Aufl., S. 441 m. w. Nw.
[68] So U.S. Law of Naval Warfare von 1955, Art. 220, zit.: *A. Steinkamm:* Die Streitkräfte im Kriegsvölkerrecht, S. 53; soweit es sich bei diesem — kriegsvölkerrechtlich anerkannten — Satz lediglich um Gewohnheitsrecht handelt, so ist dies für die Einbeziehung in Art. 25 GG kein Hinderungsgrund: Art. 25 GG umfaßt — abgesehen vom Vertragsrecht — alle von der Völkerrechtsordnung geltenden Normen (so *K. Doehring:* Die allgemeinen Regeln des völkerrechtlichen Fremdenrechts und das deutsche Vertragsrecht, S. 126 m. w. Nw.).
[69] Zum gleichen Ergebnis kommen *K. Ipsen* in BK Art. 87 a RN 177; *v. Mangoldt-Klein,* S. 2337; *C. H. Ule,* DVBl. 1967, S. 871. a. A. *W. Brunkow,* S. 112 ff. und *G. Dürig* in M.-D.-H. Art. 87 a RN 126: diese halten — ungeachtet der Gegebenheiten eines Bürgerkrieges — ein Vorgehen ausschließlich nach polizeirechtlichen Grundsätzen für zulässig. Eine vermittelnde Meinung vertritt *D. Keidel,* S. 72 ff.: danach üben die Streitkräfte weder eine reine Polizeifunktion noch eine rein militärische Funktion aus; ihr Einsatz stehe somit in der Mitte zwischen militärischem und polizeilichem Tätigwerden; wie dieser halb militärische und halb polizeiliche Einsatz im Einzelfall eigentlich aussehen könnte, bleibt demgegenüber bei *D. Keidel* offen. Vielmehr verlangt dieser (S. 165 f.), daß der Bundesgesetzgeber ein Ausführungsgesetz zu Art. 87 a Abs. IV Satz 1 GG erlassen müsse, das die Befugnisse der Streitkräfte gegenüber den Aufständischen festlegen solle, wobei der Schwerpunkt wohl eher auf dem polizeirechtlichen Tätigwerden liegen solle.

IV. Die Durchführung des Einsatzes 37

licher Grundsätze scheitern lassen. Diese Überlegung wird dadurch etwas erschwert, daß eine einheitliche Auffassung über Wesen und Natur des Krieges im internationalen Völkerrecht nicht vorliegt: das Problem der Abgrenzung des Krieges von anderen Gewaltanwendungen sowie die unterschiedlichen Kriegsauffassungen sollen daher hier kurz gestreift werden:

Nach der Rousseauschen Theorie, die den Krieg nicht als eine Beziehung zwischen Menschen, sondern als eine solche zwischen Staaten betrachtet („La guerre n'est ... point une relation d'homme à homme, mais une relation d'Etat à Etat")[70], wäre es hier bedenklich, bei einem innerstaatlichen Konflikt bürgerkriegsähnlichen Zustandes einen Krieg im völkerrechtlichen Sinne anzunehmen, der die Anwendung kriegsrechtlicher Kampfgrundsätze rechtfertigen könnte.

Demgegenüber darf nicht verkannt werden, daß diese traditionelle Kriegsauffassung die Erscheinungsbilder der jüngst geführten bewaffneten Auseinandersetzungen nicht mehr erfassen kann: In der neueren Kriegsgeschichte haben sich militärische Formen entwickelt, die der klassisch-europäischen Kriegsführung fremd waren: der aktive Widerstand der Zivilbevölkerung, der Sabotagekrieg, der Partisanenkrieg und schließlich der Bürgerkrieg (als Beispiel seien hier die Vorgänge der Jahre 1971/72 in Nordirland genannt). Diese Tatbestände sind im allgemeinen Kriegsrecht nahezu ungeregelt geblieben; die angloamerikanische und mehr noch die sowjetische Kriegsauffassung[71] ziehen daraus bereits insofern die Konsequenz, daß ein Krieg nicht nur als eine Beziehung zwischen Staaten, sondern auch als eine von Staaten zu Individuen oder zwischen Individuen untereinander angesehen wird. Nach dieser Auffassung müßte ein bewaffneter Aufstand i. S. d. Art. 87 a Abs. IV GG ohne weiteres als Kriegszustand angesehen werden.

Diese neueren Auffassungen wird man auch unter Zugrundelegung der kontinental-europäischen Auffassung berücksichtigen müssen: Zwar ist dabei der Bürgerkrieg noch kein Krieg im völkerrechtlichen Sinne, doch kann er in bestimmten Situationen kriegsähnliche Formen annehmen, die schließlich keinen materiellen Unterschied zum traditionellen Kriegsbegriff erkennen lassen. Zudem wird man davon ausgehen müssen, daß bei einem zukünftigen bewaffneten Aufstand im eigenen Land fremde Mächte i. d. R. nicht untätig bleiben und ihre finanzielle oder materielle Unterstützung der einen oder anderen Seite zukommen lassen werden: hierbei dürften, auch nach traditioneller Auffassung, sämt-

---

[70] Contrat Social 1. Teil, 4. Kapitel; diese Auffassung entspricht — noch — der traditionellen kontinental-europäischen Kriegsauffassung (vgl. *E. Menzel*: Völkerrecht, S. 356 m. w. Nw.).
[71] s. dazu *E. Menzel*, S. 356.

liche völkerrechtlichen Erfordernisse des materiellen Kriegsbegriffes vorliegen, die eine Bekämpfung bewaffneter Aufständischer nach kriegsrechtlichen Grundsätzen rechtfertigen.

4. Der Waffeneinsatz

Die vorherigen Überlegungen bilden auch den Ansatzpunkt zur Beantwortung der hier anzustellenden Untersuchung nach Art und Umfang des Waffengebrauchs bei der Bekämpfung eines solchen Aufstandes[72]:

Der Grundsatz der Zweckdienlichkeit des Einsatzes bestimmt den Gebrauch derjenigen Waffen, deren Anwendung zur jeweiligen Bekämpfung des aufständischen Gegners und somit zur Beseitigung der Gefahrensituation erforderlich und kriegsvölkerrechtlich unbestritten erlaubt ist[73, 74]. Ein zweckdienlicher Einsatz ist nur dann gewährleistet, wenn die Aufständischen, deren Ziel der gewaltsame Umsturz der bestehenden verfassungsmäßigen Ordnung ist und die mit schweren Waffen ausgerüstet sind, auch mit solchen Waffen bekämpft werden[75], wobei selbstverständlich der zweckdienliche Einsatz den Grundsatz des Übermaßverbotes einschließt[76].

Diese Ermächtigung zum umfassenden, der jeweiligen Lage angepaßten Waffengebrauch ist, vor allem bei den Beratungen des Innen- und

---

[72] Der Begriff „Waffe" im technischen Sinn wird insoweit eingeengt, als hierunter nur (Schuß-)Waffen verstanden werden, bei denen ein fester Körper durch Gas- oder Luftdruck durch einen Lauf getrieben werden kann (s. § 1 Abs. I des Waffengesetzes vom 19. 9. 1972). Nicht unter diesen Begriff fallen demnach Handgranaten, Tränen- und Giftgase, Flammenwerfer u. a., weil bei ihnen keine festen Körper durch einen Lauf bewegt werden. Es handelt sich bei letzteren genau genommen um Explosivmittel und Kampfstoffe.
In den folgenden Ausführungen soll der Begriff „Waffe" jedoch im untechnischen Sinn gebraucht werden; darunter zu verstehen sind also nicht nur reine Schußwaffen, sondern auch sämtliche Kampfstoffe und Explosivmittel.
[73] So auch *K. Ipsen* in BK Art. 87 a RN 175; im Ergebnis ähnlich *D. Keidel*, S. 182.
[74] Unrichtig wäre es, in diesem Zusammenhang das Gesetz über die Anwendung des unmittelbaren Zwanges durch die Bundeswehr (UZwGBw) als Ermächtigungsgrundlage für den Waffengebrauch heranzuziehen. Gegenstand dieses Gesetzes ist nicht der Kampfeinsatz der BW, sondern die Wach- und Schutztätigkeit militärischer Posten und Streifen, wie es sich aus § 1 UZwGBw eindeutig ergibt („nur in Ausübung des militärischen Wach- und Sicherheitsdienstes"). Auch zeigt die Ausgestaltung des Gesetzes im übrigen, daß nur an Schutzmaßnahmen gegenüber einzelnen Zivilpersonen gedacht ist (so auch *E. Jess* und *S. Mann*, S. 66); somit ist Gegenstand dieses Gesetzes nicht der Einsatz der Bundeswehr nach Art. 87 a Abs. IV GG (s. dazu auch Ausführungen in IV, 3).
[75] So *C.-H. Ule*: Der Einsatz militärischer Streitkräfte im Ausnahmezustand, DVBl. 1967, S. 873.
[76] Eine Aufstellung der zulässigen Waffenarten und -typen findet sich in der Anlage zum KriegswaffenG vom 20. 4. 61 (BGBl. I, S. 444).

IV. Die Durchführung des Einsatzes

Rechtsausschusses[77] nicht ohne Kritik geblieben. So wurde in diesem Zusammenhang eine Beschränkung in der Auswahl der Waffen unter den Gesichtspunkten der Art. 1, 2 Abs. II und 102 GG gefordert, da diese Grundrechtsvorschriften eine gezielte Vernichtung der Aufständischen und Insurgenten verbieten und lediglich eine Bekämpfung unter dem Gebote der möglichsten Schonung erlauben würden[78].

Dieser „grundrechtsgebundene Einsatz"[79] beschränke somit das Waffenpotential auf diejenigen Schußwaffen, die ein direktes Zielen und die gezielte Einzelschußabgabe ermögliche, um eine umfassende, z. T. auch unkontrollierte Vernichtung des Gegners zu verhindern[80].

Abgesehen davon, daß eine solche Beschränkung, verbunden mit der Absicht einer möglichsten Schonung des Gegners, in letzter Konsequenz nur eine unnötige Hinauszögerung der Niederschlagung des Aufstandes und eine nicht zu verantwortende Gefährdung der unbeteiligten Bevölkerung darstellt, geht auch der Hinweis auf diese Grundrechtsartikel fehl: Die Grundrechte haben die Aufgabe, der Staatsgewalt Schranken aufzuerlegen und dem einzelnen Menschen ausreichenden Freiheitsraum zur Verwirklichung seiner persönlichen Rechte zu verschaffen. Die materiellrechtlichen Schranken ergeben sich dabei aus der primären Richtung, hier: aus dem Zweck des Einsatzes[81]. Zulässig und nicht den Vorschriften des Grundgesetzes entgegenstehend sind daher die Einsatzmittel, deren Gebrauch zur Erreichung des Einsatzzweckes, nämlich die Aufrechterhaltung oder Wiederherstellung der verfassungsmäßigen Ordnung, erforderlich ist. Die verfassungsrechtlichen Schranken bestehen dabei allein im Verbot des Übermaßes[82]. Durch die angesprochenen Grundrechtsartikel sind daher die unrechtmäßigen Kombattanten (im übrigen wie die rechtmäßig Kriegführenden auch!) im Falle einer bewaffneten Auseinandersetzung nicht davon ausgenommen, unter Beachtung der Regeln des Völkerrechts mit den je nach den Umständen erforderlichen Waffen bekämpft zu werden.

---

[77] So z. B. Prot. Nr. 59/75, S. 70.
[78] *H. U. Evers:* Die perfekte Notstandsverfassung, AöR Bd. 91, S. 34. Ebenso W. *Brunkow,* S. 116; jedoch läßt dieser in extremen Situationen gewisse Ausnahmen zu (S. 118).
[79] *H. U. Evers,* S. 34.
[80] *H. U. Evers* geht in seinen Überlegungen sogar soweit, daß er unter Zugrundelegung seiner Behauptung, die Streitkräfte dürften nicht jeder inneren Gefahr adäquate Waffen entgegensetzen, die Behauptung aufstellt, daß äußerstenfalls die Zerstörung der freiheitlichen demokratischen Grundordnung und ihre eigene Niederlage hingenommen werden müsse, da aus Gründen der Rechtsmoral das Recht der Macht weichen müsse (S. 34).
[81] *C. Arndt:* Bundeswehr und Polizei im Notstand, DVBl. 1968, S. 732.
[82] *C. H. Ule,* a.a.O., S. 873 bemerkt zu den Ausführungen von *H.-U. Evers,* ohne jedoch näher darauf einzugehen: „Diese Verfassungsvorschriften (haben) mit der hier zu entscheidenden Frage nichts zu tun."

40   Teil B: Der Einsatz im innenpolitischen Notstand — 1. Abschnitt

Dem stehen auch nicht die Bestimmungen der Europäischen Menschenrechtskonvention (MRK) entgegen: Nach Art. 2 Abs. II c MRK wird die Tötung — wenn sie sich aus einer unbedingt erforderlichen Gewaltanwendung ergibt — zur Unterdrückung eines Aufruhrs oder Aufstandes zugelassen[83]; etwaige Beschränkungen auf die Verwendung bestimmter Waffenarten lassen sich aus diesen Bestimmungen nicht herleiten. Schließlich wurde ein Gebot der Einschränkung des umfassenden Waffengebrauchs weniger von rechtlichen, als vielmehr von tatsächlichen, waffen- und schußtechnischen Gesichtspunkten her zu begründen versucht. Der Einsatz von Explosivmitteln (also Granatwerfer, Mörser etc.) wird dabei mit dem Hinweis abgelehnt, daß mit diesen Waffen ein „Zielen" im landläufigen Sinne gar nicht möglich sei, da ein gezielter Schuß nur von Waffen mit solchen Zieleinrichtungen abgegeben werden könne, die ein direktes Anvisieren des Gegners und damit eine unmittelbare Bekämpfung ermöglichten; zudem sei die Splitterwirkung der Explosivmittel derart unberechenbar, daß dies eine Gefährdung Unbeteiligter darstelle und darüber hinaus dem Übermaßverbot nicht genügend Rechnung trage.

Auch diese Ansicht läßt sich bei näherer Betrachtung nicht aufrechterhalten, da hier von irrigen Vorstellungen der Präzision „direkten und indirekten Richtens" ausgegangen wird, was der Laie gern „zielen" nennt[84].

Auch im Zielverfahren des indirekten Richtens (wie es beispielsweise bei der Artillerie Anwendung findet) können Ziele mit einer Genauigkeit bekämpft werden, die dem direkten Anvisieren um nichts nachstehen. Zudem bleibt die vordergründige Frage unbeantwortet, was geschehen soll, wenn der bewaffnete Gegner aus einer vom direkten Schuß unerreichbaren Deckung heraus seine Kampftätigkeit fortsetzt[85]. Schließlich ist der Gedanke einfach falsch, Schußwaffen seien in eine berechenbare und darum harmlosere Waffenkategorie einzuordnen als z. B. Handgranaten und andere Explosivmittel. Im Häuser- oder Waldkampf oder auf sonstigen Gefechtsfeldern, wo feste Hindernisse der Schußbahn im Wege stehen, kann das Geschoß einer Schußwaffe zu einem völlig diffusen und unberechenbaren Querschläger abirren[86].

Es können somit weder verfassungsrechtliche noch tatsächliche Bedenken die Feststellung entkräften, daß die Streitkräfte im Rahmen ihres Einschreitens nach Art. 87 a Abs. IV GG alle kriegsvölkerrechtlich

---

[83] Zur Anwendbarkeit des Art. 2 Abs. II c MRK auf eine Meuterei militärischer Einheiten siehe *K. Doehring:* Befehlsdurchsetzung und Waffengebrauch, S. 45.
[84] So mit Recht *G. Dürig* in M.-D.-H. Art. 87 a RN 91.
[85] Ähnlich *G. Dürig* in M.-D.-H. Art. 87 a RN 91.
[86] *G. Dürig* in M.-D.-H. Art. 87 a RN 91.

erlaubten Waffen einsetzen können, deren Einsatz zur Bekämpfung der Aufständischen geeignet und notwendig sind.

V. Zusammenfassendes Ergebnis der Untersuchungen im 1. Abschnitt

(Die Ziffern in den Klammern weisen auf die einzelnen Teilabschnitte)

Der Einsatz zur Bekämpfung organisierter und militärisch bewaffneter Aufständischer richtet sich entweder gegen meuternde Einheiten der Streitkräfte selbst oder gegen eine unabhängig auftretende Bürgerkriegsarmee. Das Erfordernis einer „militärischen Bewaffnung" der Aufständischen ist dabei schon dann gegeben, wenn diese über Waffen verfügen die nach Art und Umfang denen der Polizei/BGS zwar ähnlich, in ihrer Anzahl aber überlegen sind (II).

Die rechtlichen Voraussetzungen des Einsatzes finden sich in Art. 87 a Abs. IV und in Art. 91 Abs. II GG (III, 1 - 3). Die spezielle Voraussetzung des Nichtausreichens von Polizei und BGS verlangt dabei vor einem militärischen Eingreifen den vollständigen Einsatz aller verfügbaren nichtmilitärischen Kräfte. Einzige Ausnahme: erweist sich ein Polizeieinsatz wegen der Übermacht des Gegners als von Anfang an unzureichend, so besteht die Möglichkeit, zumindest gleichzeitig mit dem Einsatzbefehl für die Polizei und BGS-Kräfte den Befehl für das Eingreifen militärischer Einheiten zu erteilen (III, 3).

Der Einsatz kann allein von der Bundesregierung durch einen förmlichen Kabinettsbeschluß angeordnet werden; bei einem Aufhebungsverlangen von Bundestag oder Bundesrat ist diesem Verlangen unmittelbar und unbedingt nachzukommen. Ein erneuter Einsatz nach einer derartigen Einstellung ist nur bei einer grundlegenden Veränderung der militärischen und/oder politischen Situation möglich (IV, 1).

Das militärische Unterstellungsverhältnis und der militärische Befehlsweg bleiben unberührt; es besteht aber eine Pflicht zur Koordination der Maßnahmen zwischen den zivilen und militärischen Behörden (IV, 2).

Der Einsatz erfolgt nach den kriegsvölkerrechtlichen Grundsätzen der Zweckdienlichkeit des Gewaltmittels und der Beachtung des Übermaßverbotes (IV, 3).

Zur Bekämpfung der Aufständischen sind zulässig alle die in der Anlage zum KriegswaffenG (BGBl. I S. 444) aufgeführten Waffen; ihre Auswahl bestimmt sich nach der jeweiligen militärischen Erforderlichkeit.

2. Abschnitt: Die Einsatzgrundsätze beim Objektschutz

I. Vorbemerkungen

1. Die gesetzlichen Grundlagen

Nach Art. 87a Abs. III GG dürfen die militärischen Kräfte im Verteidigungsfall sowie im Spannungsfall zur Wahrnehmung bestimmter Aufgaben zum Objektschutz herangezogen werden. Im einzelnen werden in diesem Artikel folgende, ihrem Umfange nach unterschiedlichen Befugnisse festgelegt:

— Satz 1 bringt die Ermächtigung zum Einsatz der Streitkräfte, soweit der Objektschutz zur Erfüllung des Verteidigungsauftrages erforderlich ist;

— Satz 2 erlaubt zudem die Übertragung des Schutzes ziviler Objekte auf die Streitkräfte zur Unterstützung polizeilicher Maßnahmen.

Darüber hinaus können die Streitkräfte, ohne daß ein Verteidigungs- oder Spannungsfall vorzuliegen braucht, nach Art. 87a Abs. IV zum Objektschutz herangezogen werden, wenn die in diesem Artikel bzw. in Art. 91 Abs. II GG genannten Voraussetzungen vorliegen.

2. Die Notwendigkeit einer verfassungsmäßigen Ermächtigung

Nach der grundsätzlichen Trennung zwischen polizeilichen und militärischen Aufgabenbereichen (siehe dazu 1. Abschnitt IV, 3) ergibt sich folgende Aufteilung bezüglich der objektschützenden Gefahrenabwehr:

Der Schutz rein militärischer Objekte und Einrichtungen gegen Angriffe, gleich von welcher Seite, sowie die Abwehr von Angriffen gegnerischer Truppen auf jede Art von Anlagen (zivile wie auch militärische) obliegt allein den Streitkräften[87]. Dagegen ist der Schutz ziviler

---

[87] Zwar darf die Polizei auf Grund der polizeilichen Generalklausel auch die Kasernen gegen einzelne Störer schützen; diese polizeiliche Aufgabe ist jedoch — im Friedenszustand gleichermaßen wie im Spannungs- und Verteidigungsfall — auf Grund der Vorschriften des UZwGBw in den alleinigen Zuständigkeitsbereich der Streitkräfte übergegangen. Daraus folgt, daß die ausdrückliche Zuständigkeit der Bundeswehr nach dem UZwGBw — d. h. eine spezielle polizeiliche Zuständigkeit — der allgemeinen Zuständigkeit der Polizei vorgeht (so *E. Jess* und *S. Mann:* Gesetz über die Anwendung unmittelbaren Zwanges durch die Bundeswehr, S. 54). Andererseits ist die Polizei berechtigt (und verpflichtet!) einzugreifen, wenn der speziell ermächtigte Träger der vollziehenden Gewalt nicht eingreifen kann. Insoweit hat die Polizei auf Grund der für sie geltenden gesetzlichen Ermächtigung die Einrichtungen der Streitkräfte zu schützen, wenn die Organe der Bundeswehr etwa nicht erreichbar oder dazu nicht in der Lage sind (z. B. wenn die Truppe im Manöver ist und nur eine Gruppe von Wachsoldaten in der Kaserne verbleibt).

I. Vorbemerkungen 43

Objekte gegen Angriffe oder Störungen von ziviler Seite die ausschließliche Aufgabe der Polizei. Auf Grund dieser strikt abgegrenzten Zuständigkeitsbereiche obliegt den Polizeikräften auch in Krisenzeiten der Schutz der durch Anschläge terroristischer Gruppen gefährdeten zivilen Anlagen — eine Aufgabe, die die Polizeikräfte letzten Endes überfordern wird. Diese Feststellung folgt aus der Betrachtung des modernen Kriegsbildes, auf das hier, zum weiteren Verständnis der Notwendigkeit einer militärischen Schutzmöglichkeit, kurz näher eingegangen werden soll:

Die Entwicklung immer zerstörerischer Waffen und die wohlbegründete Furcht, diese in letzter Konsequenz auch einsetzen und damit einen entsprechenden Gegenschlag des Feindes ertragen zu müssen, führt zur allmählichen Abkehr von einer totalen Konfrontation auf internationaler Ebene. Die Kriegskonzeption der neueren Zeit geht vielmehr dahin, daß das Hauptgeschehen einer zukünftigen Auseinandersetzung zum großen Teil von dem sog. subversiven oder auch unkonventionellen Krieg geprägt sein wird[88]. Diese Form des Krieges und sein spezifisches, in gewisser Weise unmilitärisches Ziel bringen nicht nur andere Kampfmethoden, sie bedingen auch andere Mittel, Streitkräfte und andere Operationsgebiete[89]. Die Mittel dieser Auseinandersetzungen sind weniger die eigentlichen Kampfhandlungen als vielmehr der Terror und der Schrecken — erzeugt durch Überfall, Sabotage, Attentate und deren psychologische Wirkungen[90]. Zudem werden durch eine Vielzahl kleiner Einzel- und Kommandounternehmungen, wie Terror- und Sabotageakte im militärischen Hinterland die für die Versorgung der militärischen Kräfte wichtigen zivilen Anlagen (so z. B. Kraftwerke oder Rüstungsbetriebe, aber auch Brücken, Schienenwege oder Fernmeldeeinrichtungen) ausgeschaltet, damit die kämpfenden Einheiten in ihren Operationen empfindlich gestört und, durch einen ggf. vollständigen Zusammenbruch der Versorgung an weiteren Einsätzen gehindert werden.

Derartige Aktionen werden weniger von regulären gegnerischen Truppen getragen sein — schon deshalb, weil diese Anlagen i. d. R. nicht direkt an der Front liegen, sondern in erster Linie von zivilen Kommandoeinheiten, die vom Völkerrecht im Sinne der Haager Land-

---

[88] So *A. Steinkamm:* Die Streitkräfte im Kriegsvölkerrecht, S. 21; zur Entwicklung und Ausgestaltung zukünftiger Erscheinungsformen einer potentiellen kriegerischen Auseinandersetzung s. *F. A. Frhr. v. d. Heydte:* Der moderne Kleinkrieg, S. 23 ff. m. w. Nw.
[89] Vgl. *F. A. von der Heydte:* Strategie als Wissenschaft in: Strategie und Wissenschaft, hrsg. vom Institut für Wehrrecht der Universität Würzburg, S. 45.
[90] *A. Steinkamm,* S. 23; weitere Literaturbelege zum modernen Kriegsbild bei *A. Steinkamm,* S. 23, Anm. 4.

kriegsordnung bzw. der Genfer Konvention nicht mit dem Privileg zur Kriegsführung ausgestattet sind[91]. Solche Sabotage- und Kommandounternehmen im Bundesgebiet stellen sich rein rechtlich gesehen dar als Stärkung der inneren Sicherheit und Ordnung, für deren Beseitigung die Polizei zuständig ist. Hätte nun die Polizei den grundsätzlich ihr obliegenden Schutz der gefährdeten Objekte gegenüber den Terroristen allein wahrzunehmen, so würde, auf Grund der zu erwartenden umfassenden kriegsmäßigen Ausrüstung und Bewaffnung der Aufständischen eine gefährliche Sicherheitslücke entstehen, da die Polizeikräfte der Bundesrepublik von ihrer Grundkonzeption her weder über eine militärische Ausbildung noch über eine derartige Bewaffnung verfügen; eine Gefahrenabwehr wird in derartigen Situationen aber nur mit militärischen Mitteln zu bewerkstelligen sein.

Weiterhin könnte unter Beachtung der grundsätzlichen Trennung zwischen militärischen und polizeilichen Aufgaben, wonach die Polizeikräfte zu militärischen Kampfhandlungen nicht herangezogen werden dürfen, im Verteidigungsfall die groteske Situation eintreten, daß die zum Objektschutz eingeteilten Polizeikräfte plötzlich Angriffen legaler Kombattanten gegenüberständen, zu deren Abwehr sie wegen ihres zivilen Status nicht zuständig sind, während bei Angriffen nichtkombattanter subversiver Gruppen auf zivile Anlagen die vielleicht zufällig anwesenden militärischen Kräfte allenfalls die Polizei benachrichtigen könnten, im übrigen das Terrain aber kampflos dem Gegner überlassen müßten[92].

Zur Beseitigung dieser Sicherheitslücke war daher eine verfassungsmäßige Ermächtigung notwendig geworden, welche die Möglichkeit einer militärischen Schutztätigkeit gegenüber gewaltsamen Beeinträchtigungen ziviler Anlagen eröffnet. (Dagegen ist die Frage, ob die Streitkräfte auch ohne ausdrückliche Kompetenzzuweisung durch das Grundgesetz auf derartigen Gebieten tätig werden können — etwa aus der vom Bundesverfassungsgericht anerkannten ungeschriebenen Bundeskompe-

---

[91] Vgl. dazu die Abgrenzung privilegierter — unprivilegierter Kombattanten bei *F. Berber*: Völkerrecht II, S. 142 ff.
[92] Wenn *C. Arndt*: Bundeswehr und Polizei im Notstand, DVBl. 1968, S. 731 dagegen das Eingreifen der Streitkräfte durch die zivil- und strafrechtlichen Notwehrvorschriften für zulässig erachtet und darüberhinaus die in Art. 87 a Abs. III GG verfassungsrechtlich abgesicherte Befugnis der Streitkräfte zum Objektschutz mit Hinweis auf die §§ 127 StPO, 227 ff. BGB und 54 StGB für überflüssig hält, so trifft dies nicht auf die Ausnahmesituation des Spannungs- oder Verteidigungsfalles zu, die in Hinblick auf Art, Form und Intensität der drohenden Gefahr ganz andere Einsatzmittel und Abwehrmaßnahmen erfordert als in Friedenszeiten, da es in letzterer um die Aufrechterhaltung der öffentlichen Sicherheit und Ordnung, in ersterer aber um die Erhaltung der militärischen Abwehrkraft geht (so mit Recht auch *W. Schreiber*: Die Befugnisse der Streitkräfte nach Art. 87 a Abs. III, DöV 1969, S. 732).

tenz aus der „Natur der Sache"[93], nicht weiter nachzugehen, da der Verfassungsgeber in Art. 87 a Abs. II GG die abschließende Regelung getroffen hat, daß die Zuweisung von Einsatzbefugnissen an die Streitkräfte außer zur militärischen Verteidigung einer ausdrücklichen Regelung im Grundgesetz bedarf. Damit ist die Ableitung einer ungeschriebenen Zuständigkeit aus der Natur der Sache durch die Verfassung selbst ausgeschlossen[94].)

II. Der Schutz ziviler Objekte im Spannungs- oder Verteidigungsfall

1. Der Einsatz nach Maßgabe des Art. 87 a Abs. III Satz 1 GG

a) Das Vorliegen des Spannungs- oder Verteidigungsfalles

Die materiellen Voraussetzungen des „Verteidigungsfalles" bieten wenig Schwierigkeiten: das Grundgesetz bringt in Art. 115 a eine umfassende Legaldefinition; dazu kann auf die einschlägige Kommentierung verwiesen werden[95].

Anders ist es mit dem „Spannungsfall". Dieser Begriff findet sich zwar in den Art. 80 a Abs. I und 87 a Abs. III was darunter zu verstehen ist, wird jedoch im Grundgesetz nirgendwo definitorisch festgelegt.

In der Entstehungsgeschichte[96] findet sich in den parlamentarischen Beratungen die Bezeichnung als „erhöhte internationale Spannungen, die eine Herstellung erhöhter Verteidigungsbereitschaft erforderlich macht"[97].

In der Relation zum Verteidigungsfall bedeutet der Spannungsfall diesem gegenüber ein minus: da ein unmittelbar drohender Angriff mit Waffengewalt bereits den Verteidigungsfall begründet, muß für den Spannungsfall eine vergleichsweise geringere Gefahr genügen. Mit dem Spannungsfall soll die Situation erfaßt werden, die noch vor dem Verteidigungsfall liegt, in der es aber notwendig ist, bestimmte Maßnahmen zur beschleunigten Herstellung der vollen Verteidigungsbereitschaft zu treffen[98]. Es kann daher, entgegen der Ansicht von v. Mangoldt-Klein[99],

---

[93] BVerfGE 11, 89, 98 ff.; 12, 205, 251.
[94] Unbestr., vgl. W. *Schreiber*, DöV 1969, S. 731; H. *Schnitzler* und W. *Hey*: Handbuch für den Zivilschutz und die zivile Verteidigung (Loseblattausgabe, Stand Nov. 1968) Nr. 1, Erl. 3 zu Art. 87 a GG; G. *Schnupp*: Polizei — BGS — Bundeswehr; Die Polizei Heft 10 (1968), S. 293.
[95] So z. B. R. *Herzog* in M.-D.-H. Art. 115 a RN 19 - 37; E. *Menzel* in BK Art. 115 a RN 1 - 44.
[96] Dazu sehr umfassend v. *Mangoldt-Klein*, Art. 80 a, S. 1970 ff.
[97] Bericht des Rechtsausschusses, BT-Drucks. V/2873, S. 11.
[98] E. *Benda*: Die Notstandsverfassung, S. 126; D. *Keidel*: Polizei und Polizeigewalt im Notstandsfall, S. 22.

der Spannungsfall in Anlehnung an die Formulierung des Rechtsausschusses als ein Zustand verschärfter internationaler oder nationaler Spannungen bezeichnet werden, der — hervorgerufen durch die begründete Gefahr einer bewaffneten Auseinandersetzung — die Herstellung einer erhöhten Verteidigungsbereitschaft erforderlich macht[100].

In diesem Zusammenhang stellt sich die Frage, ob die formelle Notwendigkeit des Vorliegens eines Spannungs- oder eines Verteidigungsfalles dadurch ersetzt werden kann, daß eines der abgestuften NATO-Alarmsysteme von einem der internationalen Hauptquartiere ausgelöst wird, de facto also eine Situation vorliegt, die einem Zustand erhöhter internationaler Spannungen und somit zumindest dem Spannungsfall gleichkommt, eine Feststellung des Bundestages gemäß Art. 80 a GG jedoch noch nicht vorliegt.

Das Grundgesetz sieht zunächst in der entsprechenden Vorschrift des Art. 80 a die grundsätzliche Erfordernis einer formellen Feststellung bzw. Zustimmung bezüglich des Eintritts des Spannungsfalles vor; die Bundesregierung kann nicht generell ohne parlamentarische Entscheidung die Streitkräfte beispielsweise zum Objektschutz (nur im Spannungs- oder Verteidigungsfall!) heranziehen[101]. (Eine Ausnahme bildet insofern der Fall des Art. 115 a Abs. IV Satz 1 GG, wonach unter bestimmten Voraussetzungen die Feststellung des Verteidigungsfalles „als getroffen ... gilt".)

Eine wichtige Ausnahme von diesem Grundsatz bringt jedoch Art. 80 a Abs. III GG (sog. „Bündnisfall"). Hiernach hat die Bundesregierung die Einsatzmöglichkeit nach Art. 87 a Abs. III GG, auch ohne daß ein Beschluß des Bundestages gefaßt ist, sobald eine entsprechende Entscheidung eines internationalen Organs im Rahmen des Bündnisvertrages vorliegt[102]; es kann also ein Beschluß des NATO-Rates, solange die

---
[99] „... ist es auch nicht möglich, den Spannungsfall klar und eindeutig zu bestimmen" (a.a.O., S. 1970).
[100] Unstreitig wurde der Begriff „Spannungsfall" in den parlamentarischen Beratungen ausschließlich als Umschreibung für *außenpolitische* Spannungen verwendet (vgl. dazu *v. Mangoldt-Klein*, S. 1970). In der hier gewählten Definition soll dagegen der ebenso begründeten wie in Art und Umfang einem internationalen Konflikt nicht minder zurückstehenden Gefahr einer inneren bewaffneten Auseinandersetzung, etwa eines Bürgerkrieges i. S. d. Art. 87 a Abs. IV GG Rechnung getragen werden; der Spannungsfall sollte also auch für die unmittelbar bevorstehende Gefahr eines innerstaatlichen Konfliktes Anwendung finden. Weitere Definitionen zum Spannungsfall und Verteidigungsfall bei *W. Brunkow*, S. 72 f.
[101] Dagegen obliegt in Art. 87 a Abs. IV GG diese Entscheidung alleine der BReg.; eine Regelung, die angesichts des wesentlich verantwortungsvolleren und politisch wie militärisch gefahrvolleren Einsatzes gegen Aufständische im Vergleich zum Objektschutz nicht so recht verständlich erscheint.
[102] Unrichtig insoweit *K. Ipsen* in BK Art. 87 a RN 44, da dieser keine Möglichkeit zur Umgehung der Erfordernis eines Parlamentsbeschlusses zu

II. Der Schutz ziviler Objekte im Spannungs- oder Verteidigungsfall 47

Bundesregierung zustimmt, den rechtlichen Zustand des Spannungsfalles begründen mit der Folge, daß dann bereits die militärischen Kräfte zu den in Art. 88 a Abs. III GG aufgeführten Zwecken herangezogen werden können, jedoch nur insoweit, als der Beschluß des NATO-Rates dies für erforderlich hält: durch die Formulierung „auf der Grundlage und nach Maßgabe eines Beschlusses" ist festgelegt, daß die Bundesregierung ohne Mitwirkung der Parlamente im innerstaatlichen Bereich nur die Maßnahmen treffen kann, die der Beschluß des internationalen Organs ausdrücklich vorsieht[103].

b) Die Auswahl der zu schützenden Objekte

Die Ermächtigung der Streitkräfte zum Schutz ziviler Objekte kann nicht vorbehaltlos erfolgen. Sowohl die strengen Voraussetzungen der Gesamtregelung wie auch der Ausnahmecharakter der Einsatzvorschriften gebieten eine Begrenzung in der Auswahl der zu schützenden Anlagen. Wenngleich diese Begrenzung ihre äußere Form in der Formulierung „soweit dies zur Erfüllung ihres Verteidigungsauftrages erforderlich ist" (Art. 87 a Abs. III Satz 1 GG) gefunden hat, so bietet dieser Satz durch seine weite Fassung doch keine sichere Handhabe bezüglich einer im Einsatzfall zu treffenden Auswahl.

Zunächst ist festzuhalten, daß zur Erfüllung des Verteidigungsauftrages alle diejenigen Maßnahmen dienen, welche die Einsatzfähigkeit und die Bewegungen der Streitkräfte sicherstellen[104], so z. B. die Herstellung samt Wartung und Pflege von Waffen, Munition und Gerät, deren Transport und Verteilung an die Truppe. Damit werden zugleich sämtliche zivilen Objekte erfaßt, die letzthin diesem Zwecke dienen, also Fabrikations- und Verkehrsanlagen, Versorgungseinrichtungen usw., wobei zu beachten bleibt, daß gerade in Krisenzeiten nahezu alle zivilen Objekte in einer wie auch immer gearteten Weise in einem mehr oder minder engen Zusammenhang zu den militärischen Abwehrmaßnahmen stehen: ob es Straßen oder Schienwege sind, die zum Truppentransport genutzt werden, oder Fabrikanlagen, die elektronische Geräte oder dergleichen herstellen, welche wiederum in Fernmelde- oder Radargeräten Verwendung finden, oder Lebensmittelbetriebe, aus denen die nahrungsmäßige Versorgung der Truppe bewerkstelligt wird: immer läßt sich ein Bezug zu militärischen Aufgabenbereichen herstellen, da selbst die kleinste Schraube, die irgendwann

---

den in Abs. III bezeichneten Einsatzzwecken sieht: nach Art. 80 a Abs. III hat die Exekutive sehr wohl die Möglichkeit, über den Umweg des NATO-Alarmsystems die formelle Erfordernis des parlamentarischen Feststellens eines Spannungsfalles zu unterlaufen.
[103] Bericht des BT-RA, a.a.O., S. 11.
[104] Ähnlich *K. Ipsen* in BK Art. 87 a RN 51.

produziert wird, an einem militärischen Fahrzeug angebracht werden kann und somit einen, wenn auch geringen Beitrag zur Erfüllung des Verteidigungsauftrages leistet. Es müssen daher andere Kriterien zur Abgrenzung herangezogen werden. Der Rechtsausschuß hat zwei weitere Voraussetzungen genannt[105]: die zivilen Objekte müssen von den Streitkräften zumindest mitbenutzt werden, und es müssen Angriffe feindlicher Truppen auf sie zu befürchten sein.

Hier sind zwar konkrete Abgrenzungsmaßstäbe enthalten, diese können aber der tatsächlichen Gefahrensituation im Spannungs- oder Verteidigungsfall kaum gerecht werden:

Bei der Voraussetzung einer Mitbenutzung werden z. B. alle diejenigen Fabrikationsanlagen ausgenommen, die den Streitkräften wichtiges Material liefern, seien es Waffen, Munition oder militärische Fahrzeuge, da dieses Material (wie z. B. bei Rheinstahl oder Henschel) ausschließlich von zivilen Arbeitskräften hergestellt und erprobt wird und eine Mitwirkung des Militärs bei dieser Fabrikation i. d. R. nicht vorliegt. Es sind aber gerade die sog. Rüstungsbetriebe, die vornehmlich eines Schutzes vor Anschlägen und Zerstörung durch zivile Saboteure bedürfen.

Auch vermag die zweite vom Rechtsausschuß geforderte Voraussetzung nicht zu überzeugen: selbst wenn Angriffe gegnerischer Truppen noch nicht zu befürchten sind, besteht in Krisenzeiten eine erhöhte Gefahr für zivile Objekte, da, wie oben ausgeführt (unter I,2), Anschläge auf derartige Anlagen zumeist im eigenen Hinterland, also fernab von der Front, erwartet werden müssen. Zudem wird, wenn Angriffe regulärer Kombattanten bevorstehen, der Einsatz des Militärs auch zur Absicherung von Zivilobjekten aus dem Verteidigungsauftrag gerechtfertigt sein, da eine Verteidigung i. S. d. Art. 87 a Abs. II nicht nur die Abwehr eines bereits stattfindenden Angriffs mit Waffengewalt in sich schließen kann, sondern auch das Vermeiden eines unmittelbar drohenden, aber noch nicht begonnenen Angriffs durch Bereitstellung und Sicherung ausreichender Truppenkontingente (sofern eine begründete Annahme eines drohenden gegnerischen Angriffs tatsächlich vorliegt!); insofern besagt diese vom Rechtsausschuß geforderte Voraussetzung nur das, wozu die Streitkräfte ipso iure ohnehin schon befugt sind.

Als brauchbares Kriterium zur Eingrenzung, das der Erforderlichkeitsklausel gerecht wird, scheint das von *G. Dürig*[106] als effektive Schranke der Ermächtigung verstandene Verhältnismäßigkeitsprinzip, nach dem das zur Zweckerreichung geeignete und erforderliche Mittel

---
[105] In BT-Drucks. V/2873.
[106] In M.-D.-H. Art. 87 a RN 53.

nicht außer Verhältnis zu dem angestrebten Zweck stehen darf[107], zwar theoretischen verfassungsmäßigen Anforderungen zu entsprechen, eine ausreichende Ausfüllung der Erforderlichkeitsklausel stellt diese Mittel-Zweck-Relation indessen nicht dar: die Erfüllung des Verteidigungsauftrages erfordert ohnehin die geeigneten und erforderlichen Mittel wobei das im Verhältnismäßigkeitsprinzip enthaltene Übermaßverbot den Worten „soweit ... erforderlich ist" in Art. 87 a Abs. II GG entspricht; mit dieser einschränkenden Formulierung kann der Gesetzgeber überdies nichts anderes als den das gesamte öffentliche Recht beherrschenden Grundsatz der Verhältnismäßigkeit gemeint haben[108].

Wenn nun andere Kriterien gefunden werden sollen, die eine auch für die Praxis durchführbare Abgrenzung ermöglichen, so wird man sich vor Augen halten müssen, daß die existentielle Aufgabe der Ausnahmebefugnisse, nämlich der Schutz elementarer Sachgüter (hier: die für den Verteidigungsauftrag unerläßliche Sicherung ziviler Anlagen) zu ermöglichen, allzu differenzierte Erwägungen nicht zuläßt, weil die Verfassung die Erhaltung des Bestandes gebietet und es im Kern nur um eine Mißbrauchsverhütung geht[109].

Demgegenüber lassen sich gerade bei der zu treffenden Auswahl ziviler Anlagen und Objekte auch in sog. „Normalzeiten" verhältnismäßig genaue Betrachtungen bezüglich der möglichen Gefahrensituation anstellen, da diese Objekte bereits bestehen bzw. in Betrieb sind und darüber hinaus den zuständigen Stellen gewisse Angaben darüber vorliegen, welche dieser Anlagen in Krisenzeiten von Kommando- und Sabotagetrupps besetzt, ausgeschaltet oder zerstört werden sollen. Auf der Grundlage dieser Überlegungen sollen folgende Kriterien für eine hinreichende Begrenzung der Erforderlichkeitsklausel aufgestellt werden:

— es muß sich um Objekte handeln, welche für die logistischen Maßnahmen der Streitkräfte eine derartige Bedeutung haben, daß deren Ausschaltung die Einsatzfähigkeit zumindest eines (wesentlichen) Teils der militärischen Kräfte beseitigen oder in nicht unerheblicher Weise beeinträchtigen würde;

— es müssen Anhaltspunkte dafür vorhanden sein, daß diese Objekte durch Einzelunternehmungen, Überfälle und Sabotageakte ziviler Aktionsgruppen gefährdet sind;

---
[107] Zur umfassenden Darstellung des Verhältnismäßigkeitsgebotes s. *P. Lerche*: Übermaß und Verfassungsrecht, S. 12 - 23, 162 ff.; zum derzeitigen Stand der Meinungen und umfassenden Angaben von Literatur- und Rechtsprechungshinweisen s. *P. Wittig*: Verhältnismäßigkeitsgrundsatz im System der Grundrechte, DöV 1968, S. 817 ff.
[108] Vgl. dazu schr. Bericht des RA vom 9. 5. 1968 (BT-Drucks. V/2873, S. 13).
[109] *H.-U. Evers*, AöR, Bd. 91, S. 204/205; *P. Lerche*, S. 306.

— es muß zu erwarten sein, daß sich die Abwehrmaßnahmen gegen diese zivilen Aktionsgruppen zu militärischen Kampfhandlungen ausweiten werden, die von der Polizei nicht mehr wahrgenommen werden können (und dürfen!).

Die Auswahl der Schutzobjekte obliegt sachbedingt militärischen Stellen; eine Pflicht zum Zusammenwirken mit zivilen Behörden (wie es etwa in den Fällen des Abs. III Satz 2 vorgeschrieben ist), besteht nicht[110]. Dennoch empfiehlt es sich, daß schon in Friedenszeiten die militärischen Dienststellen durch ihre Kommandobehörden gewisse Auswahlkriterien mit den entsprechenden Kreisbehörden erörtern und mit diesen zu Planungszwecken zusammenarbeiten, so vor allem mit den:

— Kreisverwaltungen/Landratsämtern
— Bürgermeisterämtern
— Polizeidienststellen
— Straßenbaubehörden
— Bundesbahn- und Bundespostdienststellen
— Wasserstraßen- und Schiffahrtsbehörden
— Forstdienststellen[111].

c) Die Rechtsgrundlagen der Einzelmaßnahmen

Im Grunde genommen geht es bei der Erörterung der Rechtsgrundlagen um ein ähnliches Problem wie im 1. Abschn., IV,3: unterliegen die Streitkräfte bei den objektschützenden Abwehrmaßnahmen den Regeln des Polizeirechts oder denen des Kriegsvölkerrechts?

Schwierigkeiten ergeben sich insofern, als die Objektschutztätigkeit für das militärische Wachpersonal zwiespältig ist, da Angriffe regulärer feindlicher Verbände ebenso zu erwarten sind (der Spannungs- oder Verteidigungsfall liegt bereits vor!) wie Einzelaktionen nichtkombattanter subversiver Gruppen. Die Frage ist hier, ob die Einzelmaßnahmen der militärischen Schutzeinheiten gegenüber den Aktionen nichtkombattanter Gruppen auf anderen rechtlichen Grundlagen basieren als die gegenüber den Kampfhandlungen der sog. legitimen Kombattanten.

Unstreitig[112] erfolgt beim Objektschutz die Abwehr gegnerischer Einheiten mit Kombattantenstatus nach den kriegsvölkerrechtlich anerkannten und erlaubten Kampfmaßnahmen. Da diese Abwehrtätigkeit

---

[110] K. Ipsen in BK Art. 87 a RN 69; v. Mangoldt-Klein, S. 2326.
[111] Eine derartige Zusammenarbeit ist auch ausdrücklich vorgesehen in der HDv 212/6 („Die Sicherungskompanie"), Ziff. 69 ff.
[112] K. Ipsen in BK Art. 87 a RN 71; G. Dürig in M.-D.-H. Art. 87 a RN 54; D. Keidel, S. 155.

II. Der Schutz ziviler Objekte im Spannungs- oder Verteidigungsfall

der Streitkräfte ihrem Verteidigungsauftrag und -zweck entspricht, bilden die legalen Kampfhandlungen die rechtlich zulässigen Gegenmaßnahmen auf die Angriffe regulärer gegnerischer Truppen. Ein Ausnahmefall gemäß Art. 87 a Abs. II GG („... außer zur Verteidigung ...") liegt in diesem Falle nicht vor.

Anders verhält es sich bei Übergriffen nichtkombattanter Personen oder Personengruppen: diese Aktionen zu unterbinden kann sowohl als reine Polizeiaufgabe[113] wie auch als spezifisch militärische Tätigkeit[114] gewertet werden mit der unterschiedlichen Folge, daß entweder die polizeirechtlichen Vorschriften oder aber kriegsvölkerrechtliche Grundsätze zur Anwendung gelangen.

Ausgangspunkt für die Beantwortung dieses Problems ist die Rechtsnatur der den Streitkräften gestellten Aufgabe[115]. Diese stellt sich dar als die Ausübung einer Schutzfunktion ziviler Anlagen und Objekte gegen zivile Störer, also vordergründig als eine Aufrechterhaltung bzw. Wiederherstellung der öffentlichen Sicherheit und Ordnung, wobei die Wahrnehmung dieser Aufgabe ausschließlich als eine polizeiliche Tätigkeit charakterisiert werden könnte, die den Streitkräften polizeirechtliche Grundsätze und Schranken auferlegen würde.

Daß diese Auffassung nicht unproblematisch ist, zeigt die Auswahl der möglichen Rechtsgrundlagen für ein polizeiliches Eingreifen des Militärs: da die landespolizeirechtlichen Vorschriften für die Bundeswehreinheiten als Teil der Bundesexekutive nicht herangezogen werden können (der Vollzug von Landesgesetzen durch die Bundesexekutive ist schlechthin ausgeschlossen: BVerfGE 21, 325; vgl. dazu 1. Abschn., IV,3), der Einsatz aber auch nicht unmittelbar auf Art. 87 a Abs. III Satz 1 GG gestützt werden kann, weil diese Vorschrift durch ihre weite Fassung für sich allein keine befriedigende und praktikable Eingriffsgrundlage bietet[116], sondern auf einer weiteren gesetzlichen Ermächtigung zu erfolgen hat, kann nur eine bundespolizeirechtliche Vorschrift als Rechtsgrundlage herangezogen werden.

Dabei scheidet das UZwG als Rechtsgrundlage von vornherein aus: die mit Objektschutzbefugnissen ausgestatteten Einheiten bleiben in jeder Hinsicht Militär[117], da sie nicht „als Polizeikräfte", wie sie der 3. Regierungsentwurf noch vorgesehen hatte, eingesetzt werden[118].

---

[113] So *G. Dürig* in M.-D.-H. Art. 87 a RN 54; *D. Keidel*, S. 51.
[114] So *K. Ipsen* in BK Art. 87 a RN 73 f.
[115] Insoweit richtig *G. Dürig* in M.-D.-H. Art. 87 a RN 54.
[116] So *W. Schreiber*: Die Befugnisse der Streitkräfte nach Art. 87 a Abs. III, DöV 1969, S. 723 m. w. N., auch unter Heranziehung der Rechtsprechung des BVerfG.
[117] Soweit unstrittig, vgl. *G. Dürig* in M.-D.-H. Art. 87 a RN 82.
[118] 3. Regierungsentwurf vom 13. 6. 1967, BT-Drucks. V/1879.

Als geeignete Rechtsgrundlage bleibt somit nur das UZwGBw.: dieses Gesetz wurde geschaffen, um Soldaten der Bundeswehr, denen militärische Wach- oder Sicherheitsaufgaben übertragen sind, das Recht zur Gefahrenabwehr zu geben, wenn z. B. Straftaten gegen die Bundeswehr (§ 3 UZwGBw.) verübt werden oder Störungen ihrer dienstlichen Tätigkeit (§ 9 Nr. 2 UZwGBw.) zu beseitigen sind; diese Abwehraufgaben sind ausschließlich polizeiliche Aufgaben; das UZwGBw. regelt nichts anderes als materielles Polizeirecht[119], das, wie in § 12 dieses Gesetzes ersichtlich, den polizeirechtlichen Grundgedanken der Verhältnismäßigkeit des Mittels beim Einsatz zwingend vorschreibt und somit für den Einsatz der militärischen Sicherungskräfte unter polizeilichen Aspekten als Rechtsgrundlage heranzuziehen wäre[120].

Den Befürwortern dieser Lösung muß indessen entgegengehalten werden, daß sich die Vorschriften des UZwGBw. auf rein militärische Anlagen erstrecken und nicht ohne weiteres auf zivile Objekte ausgedehnt werden können[121]; als gerade noch gangbarer Weg kann allenfalls die Ansicht *G. Dürigs*[122] gewertet werden, wonach die Verfassungsbestimmung des Art. 87 a Abs. III Satz 1 GG die gegenständliche Begrenzung des § 2 Abs. II UZwGBw. im Spannungs- und Verteidigungsfall im Rahmen einer „verfassungsbezogenen Normerweiterung" aufhebt[123].

Andererseits begegnen dem Einsatz nach polizeirechtlichen Grundsätzen und damit der unmittelbaren Anwendung des UZwGBw. aus rechtspolitischen Erwägungen heraus starke Bedenken: Die Abwehr von Stör- und Sabotagetrupps nach Art. 87 a Abs. III Satz 1 GG kann nicht mehr uneingeschränkt als eine rein polizeiliche Tätigkeit angesehen werden, da sich die Anschläge nichtkombattanter Personen auf zivile Anlagen im Spannungs- und erst recht im Verteidigungsfalle nach ihrer Intensität und den erstrebten Zielen mit den Rechtsbrüchen herkömmlicher polizeilicher Störer in Friedenszeiten kaum vergleichen lassen: diese Aktionen werden vielmehr durch ein gesteigertes politisches und ideologisches Engagement getragen sein, das die totale Anwendung aller verfügbaren Gewaltmittel erwarten läßt. Umfassende Gewaltmaßnahmen wie z. B. die Verwendung kriegstechnischen Gerätes

---
[119] *E. Jess* und *S. Mann:* Gesetz über die Anwendung unmittelbaren Zwanges durch die Bundeswehr, S. 53.
[120] Das UZwGBw als Rechtsgrundlage befürworten *G. Dürig* in M.-D.-H. Art. 87 a RN 55; *D. Keidel*, S. 159; *D. Rauschning:* Wehrrecht und Wehrverwaltung, in: I. v. Münch (Hrsg.): Besonderes Verwaltungsrecht, S. 230 f.
[121] *W. Schreiber*, DÖV 69, S. 732.
[122] In M.-D.-H. Art. 87 a RN 55 a. E.
[123] Dagegen muß *G. Dürig*, ebd., einschränkend zufügen, daß zu „Klarstellung dieses Vorganges" eine Bestimmung in das UZwGBw eingeführt werden müsse, die das Gesetz auf Maßnahmen des Art. 87 a III, 1 GG für entsprechend anwendbar erklärt.

II. Der Schutz ziviler Objekte im Spannungs- oder Verteidigungsfall 53

können als Mittel zur Bewerkstelligung der Störaktionen nicht ausgeschlossen werden[124]. Derartige Angriffe und Überfälle haben mit Sicherheit nichts mehr gemein mit der „gewöhnlichen" Störertätigkeit, wie sie i. S. d. Polizeirechts verstanden wird[125].

Die Abwehrmaßnahmen gemäß Art. 87 a Abs. III Satz 1 GG sind ihrer Rechtsnatur nach weniger der polizeilichen Ordnungstätigkeit als vielmehr der spezifisch militärischen Kampftätigkeit zuzuordnen; ein Ergebnis, das *K. Ipsen*[126] zutreffenderweise dahingehend ergänzt, daß im Konfliktsfall beim Einsatz nach zweierlei Rechtsgrundlagen (militärische Angreifer — Kriegsrecht, zivile Angreifer — Polizeirecht) die Streitkräfte mit der kaum vollziehbaren Unterscheidung belastet würden, ob sie einem militärischen Angreifer oder einem zivilen Störer gegenüberständen und ob die Feuereröffnung gegen eine Störaktion eine kriegsrechtlich gedeckte Kampfhandlung darstelle oder den erheblich strengeren Bestimmungen des polizeirechtlich geregelten Schußwaffengebrauchs unterliege, zumal sich die nichtkombattanten Akteure nur unwesentlich, sei es in Ausrüstung und Bewaffnung oder durch ihre Kampftätigkeit von den legalen Kombattanten unterscheiden werden.

Entgegen der Ansicht *K. Ipsens*[127] kann der Satz 1 des Art. 87 a Abs. III GG für das nach militärischen Grundsätzen zu erfolgende Eingreifen der Schutzeinheiten wegen der zu weiten und unbestimmten Fassung nicht als unmittelbare Rechtsgrundlage für die Einzelmaßnahmen herangezogen werden[128]. Vielmehr bilden auch hier — wie im Falle des Art. 87 a Abs. IV GG — die völkerrechtlichen Grundsätze des Kriegsrechts, namentlich das Prinzip der Zweckdienlichkeit des Gewalteinsatzes unter Beachtung des Übermaßverbotes die zulässigen und ausreichenden Rechtsgrundlagen (zur Anwendbarkeit kriegsrechtlicher Völkerrechtsgrundsätze s. 1. Abschn., IV,3 a. E.), wobei der Erforderlichkeitsklausel des Satzes 1 eine einschränkende Funktion zukommt (dazu näher im folgenden unter II,1 d).

Zu bedenken bleibt, daß sich die Durchführung des Objektschutzes nicht allein auf die unmittelbare Kampftätigkeit zur Abwehr illegaler Kombattanten beschränken kann. Zum Zwecke der Verhinderung um-

---

[124] Vgl. dazu auch *A. F. v. d. Heydte*: Strategie als Wissenschaft, S. 45 und ders.: Der moderne Kleinkrieg, S. 200 ff.
[125] Diese Gegebenheiten scheinen die Befürworter eines polizeilichen Vorgehens zu übersehen, so z. B. *D. Keidel*, S. 52: „Ein Vorgehen mit polizeilichen Befugnissen und Zwangsmitteln reicht im Normalfall aus, um ein ziviles Objekt gegen Störungen von zivilen Störern zu schützen ... Für einen Einsatz mit Mitteln und nach Grundsätzen, die über das polizeiliche Maß hinausgehen ... besteht kein Bedürfnis."
[126] In BK Art. 87 a RN 75.
[127] BK Art. 87 a RN 77.
[128] *W. Schreiber*, DÖV 69, S. 733. Dem zustimmend *D. Keidel*, S. 157.

fassender Gewaltanwendung werden die für den Schutz verantwortlichen militärischen Einheiten alle in Betracht kommenden Objekte bereits vor einem zu erwartenden Angriff derart abzusichern haben, daß sich jeder geplante Anschlag für den Angreifer als überaus risikoreiches Unternehmen darstellt und ihn möglicherweise — durch das Vorhandensein eines gewissen Abschreckungseffektes — von weiteren Aktionen Abstand nehmen läßt. Dazu wird es z. B. notwendig sein, Grundstücke unbeteiligter Dritter zu betreten, um dort militärisches Gerät zu installieren oder einen Sicherungsposten zu besetzen oder gar Veränderungen an denjenigen Anlagen vorzunehmen, die einem effektiven Schutz im Wege stehen. Derartige Eingriffe in die Rechte Dritter werden durch die kriegsvölkerrechtlichen Ermächtigungen nicht mehr gedeckt: sie beziehen sich nur auf den Kampfeinsatz als solchen; eine Ausdehnung dieser Grundsätze auf reine Vorbereitungsmaßnahmen kann nach der verfassungspolitischen Intention des Gesetzgebers, wonach bei sämtlichen inneren Einsätzen des Militärs eine restriktive Auslegung geboten ist, nicht gestattet werden[129].

Dagegen wird die weitere Frage, ob diese vorbereitenden Sicherungsmaßnahmen überhaupt noch von der in Art. 87 a Abs. III Satz 1 GG aufgezeigten Befugnis abgedeckt sind, zu bejahen sein[130]. Auch unter äußerst zurückhaltender Interpretation der „Schutzbefugnis" müssen unter diesen Begriff all diejenigen Maßnahmen gezählt werden, die unmittelbar zur Sicherung und Erhaltung des Objektes dienen. Davon können die vorbereitenden Tätigkeiten nicht ausgenommen werden, die erst als unumgängliche Voraussetzungen (z. B. Betreten von Grundstücken, um eine Sperre oder dergleichen zu errichten) die Durchführung dieses Schutzes ermöglichen, da sie nicht nur „Reaktion"[131], sondern integrierter Bestandteil der Schutzmaßnahmen sind, ohne die eine sinnvolle Sicherung der gefährdeten Anlagen überhaupt nicht bewerkstelligt werden kann.

Sind somit die hier behandelten Tätigkeiten von der Schutzbefugnis des Art. 87 a Abs. III Satz 1 GG gedeckt, so findet diese Verfassungsnorm in den Vorschriften des Bundesleistungsgesetzes (i. d. F. vom 27. 9. 1961, BGBl. I S. 1769) i. V. m. der Rechtsverordnung über Anforderungsbehörden und Bedarfsträger nach dem Bundesleistungsgesetz

---

[129] Vgl. dazu BT-Drucks. V/2837, S. 13: danach ist die verfassungsrechtlich sonst unbedenkliche Ableitung ungeschriebener Zuständigkeiten aus der Natur der Sache hier nicht möglich.
[130] Dagegen allerdings die einhellige Meinung der bislang zu diesem Komplex erschienenen Literatur: G. *Dürig* in M.-D.-H. Art. 87 a RN 58; K. *Ipsen* in BK Art. 87 a RN 83; D. *Rauschning*, S. 228: nur die ausschließliche Durchführung des Sicherungsdienstes, also die reine Abwehr- und Kampftätigkeit wird nach deren Ansicht unter die Schutztätigkeit subsumiert.
[131] So G. *Dürig* in M.-D.-H. Art. 87 a RN 58.

II. Der Schutz ziviler Objekte im Spannungs- oder Verteidigungsfall

(i. d. F. vom 1. 10. 1961, BGBl. I S. 1786) ihre für die konkrete Ausgestaltung notwendigen gesetzlichen Ergänzungsbestimmungen[132]: nach diesem Gesetz können für Zwecke der Verteidigung (§ 1 Abs. I Ziff. 2 BLG) umfangreiche Maßnahmen an Grundstücken und baulichen Anlagen vorgenommen werden (§ 2 BLG), sofern die förmlichen Verfahren der §§ 35 ff. BLG getroffen sind. Im Rahmen der bereits in Friedenszeiten von den militärischen Dienststellen durchgeführten Planungsarbeiten werden daher von diesen als Bedarfsträger i. S. d. BLG durch Anträge der nach § 1 Abs. II der RVO zuständigen Anforderungsbehörde (diese sind i. d. R. die Behörden der Landkreise und kreisfreien Städte) die erheblichen Vorbereitungen für die zum Objektschutz notwendigen Maßnahmen getroffen, damit die Inanspruchnahme der betreffenden Anlagen im Spannungs- oder Verteidigungsfall zeitgerecht erfolgen kann.

Wenn sich trotz aller vorausschauenden Planung in Spannungszeiten die Notwendigkeit ergibt, den Schutz eines zivilen Objektes zu übernehmen, ohne daß die Bereitstellungsbescheide bzw. Leistungsbescheide vorbereitet wurden, die Dringlichkeit der Situation aber das oft langwierige förmliche Anforderungsverfahren nicht mehr zuläßt, so wird man den Streitkräften das Recht zugestehen müssen, die Maßnahmen nach § 2 BLG auch ohne Vorliegen der formellen Erfordernisse zu treffen. Voraussetzung dafür ist, daß die Aktionen gegen das Objekt bereits begonnen haben oder eine begründete Gefährdung des Objektes zu erwarten ist; das förmliche Verfahren nach §§ 35 ff. BLG / 1 ff. RVO ist dabei so bald wie möglich nachzuholen[133].

d) Inhaltliche Begrenzung der Einzelmaßnahmen

Während die zur Absicherung der Objekte erforderlichen technischen Maßnahmen in den Vorschriften des BLG ihre hinreichende inhaltliche Ausgestaltung erfahren haben, unterliegt der reine Kampfeinsatz zur

---

[132] Insofern richtig *G. Dürig* in M.-D.-H. Art. 87 a RN 58; *K. Ipsen* in BK Art. 87 a RN 83; *D. Rauschning*, S. 228; jedoch finden nach deren Ansicht die Vorschriften des BLG unmittelbare Anwendung — ein Ergebnis, das in dieser Form nicht richtig sein kann: wenn all die vorbereitenden und den Schutz erst ermöglichenden Maßnahmen nicht unter die verfassungsrechtliche Bestimmung der Art. 87 a Abs. III Satz 1 GG fallen, so dürften die Streitkräfte wegen der einschränkenden Bestimmung des Art. 87 a Abs. II GG zu diesen Vorbereitungstätigkeiten überhaupt nicht herangezogen werden.
[133] So *G. Dürig* in M.-D.-H. Art. 87 a RN 58; *K. Ipsen* in BK Art. 87 a RN 85, jeweils unter Hinweis auf den polizeilichen Notstand: wenn den Streitkräften nach Art. 87 a III, 1 GG der umfassende Schutz ziviler verteidigungswichtiger Objekte übertragen wird, so ist es gerechtfertigt, ihnen auch die Befugnisse zuzugestehen, die selbst den wesentlich weitergehenden rechtlichen Beschränkungen unterliegenden Polizeikräfte in derselben Situation zustehen: eine Ansicht, der ohne Bedenken gefolgt werden kann.

Abwehr eines bereits stattfindenden Anschlages gewissen Einschränkungen. Die kriegsvölkerrechtlichen Regeln als spezielle Rechtsgrundlagen für den Kampfeinsatz gegen zivile Insurgenten können nicht, wie etwa beim Einsatz nach Maßgabe des Art. 87 a Abs. IV GG, vorbehaltlos Anwendung finden; vielmehr stellt die in Abs. III Satz 1 verankerte Erforderlichkeitsklausel („soweit zur Erfüllung des Verteidigungsauftrages erforderlich") eine Begrenzung nicht nur hinsichtlich der auszuwählenden Objekte (s. dazu oben II,1 b), sondern auch für den Umfang der zur Abwehr erforderlichen Kampfmaßnahmen dar. Namentlich das Prinzip der Zweckdienlichkeit des Gewalteinsatzes muß unter diesem Gesichtspunkt insofern eingeschränkt werden, als die von den militärischen Sicherungseinheiten durchgeführten Einsätze (die im übrigen unter Verwendung aller kriegsrechtlich zugelassenen Waffen und Kampfmittel erfolgen können) auf die alleinige Abschirmung der Anlagen und ausschließliche Bekämpfung der objektgefährdenden Aktionen zu beschränken sind. Zwar kann eine weitere Verfolgung der zurückweichenden Kommandounternehmen oder die nachfolgende Einschließung und Bekämpfung noch im unmittelbaren Zusammenhang mit der Objektschutztätigkeit stehen und von der Erfüllung des Verteidigungsauftrages gedeckt sein. Alle darüber hinausgehenden Maßnahmen aber, wie die Bekämpfung von Terrorakten, die nicht im örtlichen oder zeitlichen Zusammenhang mit dem Objektschutz stehen, mögen sie im konkreten Fall auch aus taktischen Überlegungen heraus gerechtfertigt sein, sind somit nicht zulässig[134]. Vielmehr sind alle weitergehenden Abwehrmaßnahmen in dieser Situation alleinige Aufgabe der Polizei; sollten diese kräftemäßig zur Bekämpfung der zivilen Kombattanten nicht mehr ausreichen, so ist dann im Einzelfall zu entscheiden, ob etwa die weiteren Voraussetzungen des Art. 87 a

---

[134] Diese Überlegungen stellen sich für die Befürworter eines Einsatzes nach polizeirechtlichen Grundsätzen natürlich nicht, da das auf den einzelnen Störer und dessen Abwehr mit den geringstmöglichen Mitteln zugeschnittenen Polizeirecht ipso iure dem Verhältnismäßigkeitsgrundsatz unterliegt. Eine vermittelnde Meinung nimmt K. Ipsen (in BK Art. 87 a RN78 ff.) ein: er stellt den Inhalt der für den Kampfeinsatz im Rahmen des Objektschutzes nach Satz 1 geltenden Grundsätze in die Mitte zwischen dem kriegsrechtlichen Prinzip der Zweckdienlichkeit des militärischen Gewalteinsatzes und dem polizeirechtlichen Prinzip der Verhältnismäßigkeit des angewendeten Mittels und begrenzt die zulässige Gewaltanwendung auf den Grundsatz, „daß nur dasjenige Maß an Gewalt angewendet werden darf, das zur Ausübung der Schutzfunktion im Einzelfall zur Erreichung des Schutzzweckes unmittelbar notwendig ist" (RN 79). Diese Formulierung ist sicherlich nicht falsch, kann aber für die Anwendung des Gewalteinsatzes kaum als praktikable Abgrenzung herangezogen werden: auch die kriegsrechtlichen Normen unterliegen dem Gebot des Übermaßverbotes; es darf bei jeglichem Einsatz der Streitkräfte, sei es gegen einen inneren oder einen äußeren Gegner, ohnehin nur das erforderliche und notwendige Maß an Gewalt zur Anwendung gebracht werden.

Abs. IV GG vorliegen, die, auf Veranlassung der Bundesregierung hin, ein umfassendes Eingreifen der Streitkräfte ermöglichen.

Anhang: Das Recht zur Verkehrsregelung

Die den Streitkräften nach Satz 1 weiterhin eingeräumte Befugnis, Aufgaben der Verkehrsregelung wahrzunehmen, hat keinen unmittelbaren Bezug zu den Objektschutztätigkeiten; sie ist vielmehr als Annex zu dem Sicherungsauftrag in den beiden Zeitabschnitten des Spannungs- oder Verteidigungsfalles zu sehen[135]. Dennoch soll hier kurz auf die Funktion der Verkehrsregelung eingegangen werden, da diese zumindest in demselben Gesetzesbereich wie die rechtlichen Ausgestaltungen der Schutzbefugnisse geregelt ist. Praktische oder rechtliche Probleme von ähnlichen Ausmaßen, wie sie hinsichtlich des Objektschutzes auftauchen, sind hier nicht zu vermerken, da der Gesetzgeber in den Vorschriften der Straßenverkehrsordnung (StVO i. d. F. vom 16. 11. 1970, in Kraft seit 1. 3. 1971) den Streitkräften umfangreiche Sonderrechte zugestanden hat: § 35 Abs. I i. V. m. § 35 Abs. IV StVO räumt marschierenden Truppenteilen und Fahrzeugkolonnen ungehinderte Bewegungsfreiheit und uneingeschränktes Vorfahrt ein. Zur Durchsetzung dieser Vorrechte (Absperren bzw. Freihalten von Zufahrtsstraßen und Kreuzungen während der Dauer des Durchlaufs von Militärkolonnen) gegenüber anderen Verkehrsteilnehmern ist normalerweise nur die Polizei befugt (Verkehrsregelung ist materielle Polizeiaufgabe!); hier hat die Verfassung über Art. 87 a Abs. III Satz 1 GG die Bundeswehr direkt daran beteiligt[136].

Diese Befugnisse stehen den Streitkräften aber auch in Zeitabschnitten zu, in denen die Verkehrswege vorübergehend nicht von ihnen in Anspruch genommen werden: wegen der erheblichen Truppenbewegungen, mit denen im Spannungsfall (einer Phase der Mobilmachung und des Beziehens von Bereitstellungs- und Verfügungsräumen) und erst recht im Verteidigungsfall zu rechnen ist, wird es zweckmäßig sein, die Bewegungsfreiheit der in Marsch gesetzten Einheiten durch stationär

---

[135] So *W. Schreiber*, DÖV 69, S. 732.
[136] Ungenau insoweit *K. Ipsen* in BK Art. 87 a RN 86 und *ders.:* Der Einsatz der Streitkräfte im Innern, DVBl. 1969, S. 397, wenn er feststellt, daß die Bestimmungen der StVO „sachlogisch die Befugnisse der Verkehrsregelung ein(schließen)": diese dürften von den reinen Verteidigungsmaßnahmen i. S. d. Art. 87 a Abs. II GG nicht mehr umfaßt sein (so auch *G. Dürig* in M.-D.-H. Art. 87 a RN 61 und *D. Keidel*, S. 54), es sei denn, die marschierenden Truppenteile befinden sich während eines Ernstfalles auf dem Wege zum oder vom Einsatz: nur dann ist die Verkehrsregelung vom Verteidigungsauftrag mit umfaßt. Ebenfalls unklar *Cl. Arndt* in DVBl. 1968, S. 731, der – ohne die Vorschriften der StVO überhaupt zu erwähnen — Verkehrsregelungsrecht zum Verteidigungsauftrag zählt und dabei feststellt, daß dieses Recht keiner ausdrücklichen Regelung im Grundgesetz bedurft hätte.

eingerichtete Feldjägerposten zu gewährleisten. Durch die Übernahme der gesamten Verkehrsregelung soll nun eine Doppelbesetzung vermieden werden, die andernfalls nötig wäre, wenn neben den zur Verkehrsregelung abgestellten Soldaten noch weitere Polizeibeamte eingesetzt würden[137].

Als Rechtsgrundlagen für die Einzelmaßnahmen der Verkehrsregelung sind wiederum die Vorschriften der StVO heranzuziehen. Die Zeichen und Weisungen, die normalerweise den Polizeibeamten vorbehalten sind (§ 36 StVO), werden in den genannten Ausnahmefällen von den Militärposten ausgeführt; die zivilen Verkehrsteilnehmer haben denen Folge zu leisten.

2. Der Einsatz nach Maßgabe des Art. 87 a Abs. III Satz 2 GG

Über den in Satz 1 des Art. 87 a Abs. III GG genannten Verwendungszweck hinaus kann den Streitkräften „der Schutz ziviler Objekte auch zur Unterstützung polizeilicher Maßnahmen übertragen werden" (Art. 87 a Abs. III Satz 2 GG). Ebenso wie in Satz 1 bezieht sich diese Schutzbefugnis allein auf die Abwehr von Aktionen ziviler Angreifer und nicht auf die Angriffe regulärer feindlicher Verbände; gleichfalls setzt dieser Einsatz das Vorliegen des Spannungs- oder Verteidigungsfalles voraus.

Darüber hinaus bestehen aber bezüglich des Einsatzzweckes und der daraus resultierenden Durchführung der Schutztätigkeit grundlegende Unterschiede.

a) Der Einsatzzweck des Art. 87 a Abs. III Satz 2 GG — Abgrenzung gegenüber Satz 1

Anders als in Art. 87 a Abs. III Satz 1 GG handelt es sich bei der Schutzbefugnis nach Satz 2 nicht um Objekte, denen für die Durchführung des Verteidigungsauftrages entscheidende Bedeutung zukommt, sondern um „beliebige andere zivile Objekte"[138], deren Zustand oder Funktionieren für die Schlagkraft der Truppe ohne Einfluß ist[139]. Anschläge ziviler Akteure auf derartige Objekte werden deshalb auch in Spannungs- oder Krisenzeiten von der Zahl wie vom Umfang her im geringeren Maße zu erwarten sein als Angriffe auf sog. verteidigungswichtige Anlagen. Dennoch können Störaktionen nicht ausgeschlossen werden, in denen die Polizeikräfte mit ihren Schutzaufgaben über-

---

[137] So die überzeugende Darstellung des Rechtsausschusses (schr. Bericht, BT-Drucks. V/2837, S. 13/14).
[138] *v. Mangoldt-Klein,* S. 2329.
[139] *G. Dürig* in M.-D.-H. Art. 87 a RN 67.

II. Der Schutz ziviler Objekte im Spannungs- oder Verteidigungsfall

fordert werden. Dies ist beispielsweise der Fall, wenn deren Beamten — bedingt durch innerpolitische Krisenzeiten — durch andere Aufgaben bereits in so erheblichem Maße belastet sind, daß das Personal zu umfassenderen Schutz- und Abwehrmaßnahmen nicht mehr ausreicht[140] oder ein solch massiver Druck von den zivilen Angreifern auf ein Zivilobjekt ausgeübt wird, daß die zuständigen Polizeieinheiten ausrüstungs- und stärkemäßig der Situation nicht mehr gewachsen sind und das Heranholen zusätzlicher Polizeiverstärkung wegen der allgemeinen Krisenlage nicht zu bewerkstelligen ist; hierin liegt der verfassungsrechtlich festgelegte Einsatzzweck, nämlich die Unterstützung polizeilicher Schutzfunktion im Falle der Erschöpfung polizeilicher Mittel[141].

Anders als in Satz 1 des Art. 87 a Abs. III GG entsteht die Befugnis der objektschützenden Tätigkeit nicht ipso iure, sobald die erforderlichen äußeren Voraussetzungen gegeben sind; vielmehr setzt ein derartiger Einsatz einen im Gesetz nicht weiter definierten Übertragungsakt voraus, der den Streitkräften gleichsam die formelle Ermächtigung zum Einsatz erteilt.

Schließlich läßt die in Satz 2 ausdrücklich aufgenommene Formulierung „zur Unterstützung polizeilicher Maßnahmen" darauf schließen, daß das Eingreifen des Militärs in dieser verfassungsrechtlichen Situation zur polizeilichen Beseitigung einer Störung dient und somit zumindest anderen Rechtsgrundlagen unterworfen ist als der in Art

---

[140] Diese Situation wird, wie *G. Dürig* (M.-D.-H. Art. 87 a RN 71) zutreffend ausführt, vornehmlich im Spannungsfall zu erwarten sein; im Verteidigungsfall sollte dagegen ein Personalmangel nicht auftreten, da gemäß Art. 115 f. Abs. I Ziff. I GG der BGS als Polizeitruppe im gesamten Bundesgebiet zur Unterstützung der Landespolizeieinheiten zur Verfügung steht.
Demgegenüber wird die von *G. Dürig* (a.a.O.) aufgezeigte Möglichkeit — nämlich: die Polizeikräfte werden wegen eines regulären Angriffs gegnerischer Truppen vollkommen von einem Zivilobjekt abgezogen, um nicht in militärische Kampfhandlungen verwickelt zu werden, wobei den Streitkräften nicht nur die Abwehr legaler Kombattanten, sondern auch die Bekämpfung ziviler Störer obliegt — nicht als Unterstützungshandlung zugunsten der Polizeikräfte zu qualifizieren sein: wenn die zuständigen Polizeieinheiten überhaupt nicht zum Einsatz kommen, ist eine Unterstützung oder eine sonstige Hilfstätigkeit i. w. S. nicht denkbar. Vielmehr stellt sich ein solcher Einsatz als ein Tätigwerden i. S. d. Art. 87 a II Satz 1 GG dar, das nur unter den dort aufgezeigten Voraussetzungen erfolgen darf. Liegen dagegen diese Voraussetzungen nicht vor und erscheint das Eingreifen des Militärs gegen die zivilen Anschläge unumgänglich (Polizeikräfte sind in diesem Augenblick nicht verfügbar!), so kann dies nur nach Maßgabe der straf.- bzw. zivilrechtlichen Notvorschriften erfolgen. Insofern enthält das Gesetz eine Lücke, die aber nicht allzuschwer wiegt, da ein regulärer Angriff, der im gleichzeitigen oder nachfolgenden Zusammenwirken mit zivilen Akteuren auf nicht verteidigungswichtige Anlagen erfolgt, nur selten zu erwarten sein wird.
[141] *K. Ipsen* in BK Art. 87 a RN 150.

und Umfang vergleichbare Einsatz des Art. 87 a Abs. III Satz 1 GG (dazu im folgenden b) - d)).

b) Die Übertragung der Schutzbefugnisse

Nach dem Wortlaut des Satzes 2 kann den Streitkräften der Schutz ziviler Objekte zur Unterstützung polizeilicher Maßnahmen „übertragen" werden. Eine nähere Bestimmung der für die Übertragung zuständigen Organe und die dafür erforderliche Art und Form wurde vom Gesetzgeber nicht vorgenommen[142]. Die formellen Anforderungen, die an den Übertragungsakt zu stellen sind, müssen demzufolge mangels anderweitiger gesetzlicher Bestimmungen nach allgemeinen rechtsstaatlichen Grundsätzen erfolgen[143].

aa) Der Übertragungszweck

Aufgabe der Streitkräfte nach Satz 2 und somit verfassungsrechtlich festgelegter Übertragungszweck ist der Einsatz „zur Unterstützung polizeilicher Maßnahmen". Unter Berücksichtigung der von dem BT-RA ursprünglich vorgesehenen Formulierung „zur Unterstützung der Polizei"[144] zeigt die nunmehr geltende Fassung, daß nicht an eine umfassende Unterstützung der Polizei als Institution, sondern nur an eine Unterstützung einzelner polizeilicher Funktionen gedacht ist[145]. Insoweit können die entsprechenden Bundeswehreinheiten in zeitlich und örtlich begrenzten Ausnahmefällen zu einzelnen polizeilichen Einsätzen herangezogen werden; sie üben dann eine Hilfstätigkeit gegenüber den jeweilig eingesetzten Polizeikräften aus. Hierin liegt zugleich die entscheidende Aussage dieser Regelung und der wesentliche Unterschied zu Satz 1 des Abs. III bzw. zu Abs. IV: Der Objektschutz nach Satz 2 behandelt nicht eine militärische Aufgabe zur Abwehr gegnerischer Einwirkungen; ausschließlicher Übertragungszweck ist nach dem erklärten Wortlaut des Gesetzes vielmehr der Schutz ziviler Anlagen im Sinne einer polizeilichen Gefahrenabwehr unter Berücksichtigung der das Polizeirecht bestimmenden Verhältnismäßigkeitsgrundsätze[146].

Obwohl im Gesetzestext nicht ausdrücklich erwähnt, ist der Übertragungszweck nur dann verfassungsgemäß, wenn das Abwehrpotential unterhalb des Einsatzes militärischer Kräfte völlig in Anspruch genom-

---

[142] Im schriftlichen Bericht des Bundestag-Rechtsausschusses vom 9.5.1968 heißt es dementsprechend einfach: „Die Form der Übertragung läßt die Bestimmung offen" (BT-Drucks. V/2873, S. 13).
[143] Vgl. dazu W. *Schreiber*, DÖV 69, S. 733: die Anforderungen müssen an a) rechtsstaatlichen und b) föderativen Erfordernissen gemessen werden.
[144] Prot. des BT-RA Nr. 79 vom 4.4.1968, Anl. 3.
[145] Übereinstimmend K. *Ipsen* in BK Art. 87 a RN 103; *v. Mangoldt-Klein*, S. 2331.
[146] Ähnlich K. *Ipsen* in BK Art. 87 a RN 94.

II. Der Schutz ziviler Objekte im Spannungs- oder Verteidigungsfall

men worden ist, also alle verfügbaren Polizeikräfte, im Verteidigungsfall auch die zur Bereitschaftspolizei abgestellten BGS-Einheiten bereits zum Einsatz gelangt sind. Dies folgt aus der in allen Anwendungsfällen des Art. 87 a Abs. III und IV zutage tretenden verfassungspolitischen Intention, die Streitkräfte von der Wahrnehmung polizeilicher Aufgaben oder von jeglichem Tätigwerden im Innern soweit wie möglich herauszuhalten und nur als äußerstes Mittel der Gefahrenabwehr zuzulassen (zur Frage, wieweit die Polizei in ausweglosen Situationen bereits vollständig eingesetzt werden muß s. 1. Abschnitt III,3).

bb) Möglichkeiten der formellen Übertragung

Eine Bestimmung über etwaige Formen der Aufgabenübertragung findet sich weder im Gesetz noch im schriftlichen Bericht des BT-RA[147]. Das Fehlen jeglicher Anhaltspunkte läßt mithin unter den zwei rechtlich überhaupt möglichen Arten einer Übertragung von Befugnissen, die einem Hoheitsträger verfassungsrechtlich zugeordnet sind und nunmehr auf ein anderes Exekutivorgan verlagert werden sollen, wählen: der gesetzlichen Regelung einer Übertragung (Übertragung durch ein formelles Gesetz) oder der Übertragung durch ein Verwaltungsabkommen.

Von einer gesetzlichen Lösung als Übertragungsform hat der Gesetzgeber bislang abgesehen. Ob ein Bundesgesetz bezüglich der Kompetenzzuweisung überhaupt ergehen dürfte (wie es im RA auch anfänglich vorgesehen war, Prot. des BT-RA Nr. 76, S. 6 = Sitzung vom 15. 3. 1968), erscheint zumindest zweifelhaft, da hier notwendigerweise das Polizeirecht tangiert wird, für dessen gesetzliche Ausgestaltung nicht der Bund, sondern das jeweilige Land zuständig ist. Eine Übertragung durch ein Landesgesetz scheitert ebenfalls an den Kompetenzvorschriften: Art. 73 Ziff. 1 GG begründet, soweit die Bundeswehr betroffen ist, die alleinige Zuständigkeit des Bundes[148]. Übrig bleibt der Weg über Art. 115 c

---

[147] Zum bewußten Offenlassen dieses Problemkreises s. BT-Drucks. V/2873, S. 13 (s. auch FN 151). *G. Dürig* in M.-D.-H. Art. 87 a RN 75 spricht in diesem Zusammenhang die Vermutung aus, „daß sich der verfassungsändernde Gesetzgeber dieser Materie nicht gewachsen fühlte"; *K. Ipsen* in BK Art. 87 a RN 93 führt diesen Mangel auf den Zeitdruck zurück, unter dem die Mitglieder des Rechtsausschusses bei der Beratung und Formulierung des Abs. III gestanden hätten.
[148] Streng genommen fällt der Satz 2 des Art. 87 a Abs. III nicht mehr unter den Begriff „Verteidigung", wie die Gegenüberstellung des Art. 87 a Abs. II GG zeigt, zumal es sich hierbei nicht um Kriegshandlungen, sondern um polizeiliche Schutzaufgaben dreht. Demgegenüber ist der materielle Inhalt des Verteidigungsbegriffes des Art. 73 Ziff. 1 GG wesentlich weiter auszulegen: er umfaßt das gesamte Aufstellen und Unterhalten der Bundeswehr und ihrer Ausrüstung (vgl. BVerfGE 8, 116; *A. Hamann:* Grundgesetz Anm. B 2 Abs. I zu Art. 73).

Abs. I GG, wonach dem Bund für den Verteidigungsfall das Recht der konkurrierenden Gesetzgebung auf Gebieten zugestanden wird, die zur Gesetzgebungszuständigkeit der Länder gehören: eine solche Regelung könnte dann als Zustimmungsgesetz (Art. 115 c Abs. I Satz 2 GG) ergehen.

Diese Lösung entspricht m. E. jedoch nur verfassungstechnischen Anforderungen; im Ernstfall dürfte sie schon wegen des schwerfälligen, z. T. auch langwierigen und komplizierten Gesetzgebungsverfahrens, das zudem unter den äußeren Schwierigkeiten des Verteidigungsfalles zu leiden hätte, nicht praktikabel sein. Zudem wird eine Übertragung der Schutzbefugnisse weniger im Verteidigungsfall, als vielmehr in der nicht minder gefährlichen innenpolitischen Krisensituation des Spannungsfalles geboten sein: im Spannungsfall ist indessen eine derartige gesetzliche Regelung nach dem Grundgesetz noch nicht vorgesehen.

Die zweite Möglichkeit zur Übertragung der Exekutivbefugnisse, nämlich das Übertragungsabkommen (uneinheitlich; es finden sich auch die Bezeichnungen „Verwaltungsvereinbarung" oder „Verwaltungsabkommen"), bietet dagegen eine bessere Handhabe und wird dementsprechend im Schrifttum mit Recht als bessere Lösung vorgezogen[149]. Der Vorteil einer solchen Vereinbarung ist primär darin zu sehen, daß allein die an der Übertragung beteiligten Organe (dazu ausführlich unten cc) die Ausübung polizeilicher Schutzbefugnisse auf das Militär zu delegieren befugt sind; eine parlamentarische Mitwirkung ist bei dem Übertragungsabkommen entbehrlich, da die Verfassung selbst durch Art. 87 a Abs. III die Übertragung ausdrücklich zuläßt und dies nichts anderes bedeutet als einen Gesetzesvollzug, wie ihn die Exekutive zulässigerweise vornehmen darf[150]. Damit können die auf die konkrete Situation bezogenen Interessen der beteiligten Polizei- und Militärkräfte besser wahrgenommen werden als bei einer Übertragung durch die Legislative; zudem darf nicht verkannt werden, daß ein sich notwendig erweisender unterstützender Einsatz der Bundeswehr kaum von langer Hand vorbereitet und geplant werden kann; die Anschläge ziviler Angreifer werden vielmehr unter Ausnützung möglicher Überraschungseffekte innerhalb kurzer Zeitabschnitte stattfinden und somit die für die innere Sicherheit Verantwortlichen zu raschen Entschlüssen über mögliche Abwehrmaßnahmen zwingen. Diesem Gebot

---

[149] So W. Brunkow, S. 101; G. Dürig in M.-D.-H. Art. 87 a RN 75; K. Ipsen in BK Art. 87 a RN 98; v. Mangoldt-Klein, S. 2330; W. Schreiber, DöV 69, S. 734; zur grundsätzlichen Zulässigkeit derartiger Übertragungsabkommen s. R. Grawert: Verwaltungsabkommen zwischen Bund und Ländern in der Bundesrepublik Deutschland, S. 131 ff.
[150] G. Dürig in M.-D.-H. Art. 87 a Fußnote 4 zu RN 75 unter Berufung auf K. Ipsen in BK Art. 87 a RN 99.

II. Der Schutz ziviler Objekte im Spannungs- oder Verteidigungsfall

der Schnelligkeit des Handelns steht die wohl unvermeidlich lange Dauer des parlamentarischen Verfahrens der Übertragung durch Gesetz entgegen: das wesentlich unkompliziertere und mithin auch weniger Zeit in Anspruch nehmende Verwaltungsabkommen bietet in allen Belangen die bessere und somit vorzuziehende Lösung.

cc) Die an der Übertragung beteiligten Organe

Da die Übertragung lediglich zur Unterstützung polizeilicher Maßnahmen und somit im Sinne polizeimäßiger Einsatzgrundsätze zu erfolgen hat, ist für den Übertragungsakt selbst die Mitwirkung des jeweilig betroffenen Landes als Inhaber der Organisationsgewalt auf dem Gebiete des Polizeirechts und die gleichzeitige Beteiligung des Bundes als Inhaber der Wehrhoheit erforderlich[151]. Die weitergehende Frage, welche Organe des Bundes und der Länder im einzelnen bei der Übertragung mitzuwirken haben, muß nach fachlichen Gesichtspunkten beantwortet werden: nachgeordnete Behörden, sowohl auf polizeilicher wie auf militärischer Seite, scheiden für eine Übertragung derart einschneidender und umstrittener Maßnahmen, wie sie Einsätze des Militärs im Innern nun einmal darstellen, sicherlich aus: nur die Spitzen der Exekutive können auf Grund der ihnen zugänglichen Informationen und Lagebeurteilungen entscheiden, ob ein solcher Ausnahmefall vorliegt, der eine Verstärkung der Polizei durch militärische Einheiten unumgänglich macht, und ob weiterhin die Streitkräfte neben ihren eigentlichen Verteidigungsaufgaben, ggf. auch neben ihren zusätzlichen Sicherungs- und Abwehrfunktionen nach Satz 1 oder nach Abs. IV noch zu weiteren polizeilichen Hilfstätigkeiten gemäß Satz 2 freigestellt werden können[152]. Die Übertragung der Befugnisse sollte daher auf Seite der Länder nur durch den Innenminister bzw. Innensenator als oberstes Organ der Polizeigewalt und auf Seite des Bundes durch den Bundesminister der Verteidigung oder als oberste Kommandobehörde der für derartige Schutzaufgaben vorgesehenen Territorialeinheiten, durch eines der drei Territorialkommandos, vorgenommen werden[153].

---

[151] K. Ipsen in BK Art. 87a RN 94; v. Mangoldt-Klein, S. 2330; G. Dürig in M.-D.-H. Art. 87a RN 74. Zu den Bedenken, die Cl. Arndt: Bundeswehr und Polizei im Notstand, DVBl. 1968, S. 731 wegen einer nach seiner Meinung verfassungsrechtlich bedenklichen Mischverwaltung geäußert hat s. W. Schreiber, DöV 69, S. 734.

[152] Vgl. dazu K. Ipsen in BK Art. 87a RN 101.

[153] K. Ipsen in BK Art. 87a RN 101 und ihm folgend G. Dürig in M.-D.-H. Art. 87a RN 75 wollen die Übertragung bereits dem Wehrbezirkskommando zukommen lassen: Wenn man sich für die Landesexekutive das oberste Organ vorsieht, so muß man zumindest auch für die TV-Einheiten die oberste Kommandobehörde als Ansprechpartner der Übertragung vorsehen.

c) Das Zuordnungsverhältnis von Polizei und Militär

Die Streitkräfte haben die ihnen übertragenen Schutzaufgaben zur Unterstützung und im Zusammenwirken mit zivilen Dienststellen wahrzunehmen. Ein eigenmächtiges Vorgehen ist den Streitkräften mithin verwehrt; die Pflicht zur Zusammenarbeit mit den zuständigen Behörden ist ihnen durch das Gesetz (Art. 87 a Abs. III Satz 2, 2. Halbsatz) ausdrücklich auferlegt[154].

Die vorrangige Frage nach Art und Umfang des Zusammenwirkens bleibt nach dem Gesetzeswortlaut jedoch offen, wobei die konkrete Ausgestaltung eines Miteinanderoperierens von militärischen und polizeilichen Kräften für die BRD ein Novum darstellt, das wegen der grundsätzlichen Bedeutung und der damit zusammenhängenden Problematik einer umfassenden Ausgestaltung bedurft hätte[155].

Geht man vom Wortlaut des Gesetzes aus, so läßt ein „Zusammenwirken" von den überhaupt denkbaren Ausgestaltungen eines Zuordnungsverhältnisses von Militär und Polizei die zwei extremen Möglichkeiten — nämlich ein beziehungsloses Nebeneinanderwirken von Polizeieinheiten und Militärkräften einerseits und die völlige Unterstellung der objektschützenden Kräfte der Bundeswehr unter den Oberbefehl des jeweiligen Landesinnenministers bzw. Innensenators andererseits — von vornherein ausscheiden: eine Zusammenarbeit i. S. einer Koordination oder Kooperation ist im ersten Fall überhaupt nicht gegeben; eine institutionelle Eingliederung von Teilen der Streitkräfte in die Organisations- und Befehlsstruktur der Polizei, wie im aufgezeigten zweiten Fall, würde der verfassungsrechtlich ausgestalteten Befehls- und Kommandogewalt nach Art. 65 a bzw. Art. 115 b GG unzulässigerweise zuwiderlaufen[156]; zudem hat der Verfassungsgeber nicht den früher gewählten Wortlaut „als Polizeikräfte", sondern durch die jetzige Formulierung „zur Unterstützung polizeilicher Maßnahmen" sowie durch die grundgesetzlich begründete Pflicht zur Zusammenarbeit zum Ausdruck gebracht, daß beim Einsatz die Führungsgewalt der Streitkräfte beim Bundesminister der Verteidigung bzw. Bundeskanzler verbleiben und nicht der betreffenden Landesregierung unterstellt werden soll[157].

---

[154] Unstr., s. dazu O. *Lenz:* Notstandsverfassung des Grundgesetzes, S. 145 m. w. Nw.
[155] So bietet auch der schr. Bericht des RA vom 9. 5. 1968 (BT-Drucks. V/2873, S. 13) überhaupt keinen Anhaltspunkt: „... die Befugnisse müssen im Zusammenwirken mit zivilen Stellen ausgeübt werden."
[156] Vgl. dazu auch *H.-U. Evers:* Die perfekte Notstandsverfassung, AöR 91, S. 27.
[157] So *W. Schreiber:* Die Befugnisse der Streitkräfte nach Art. 87 a III GG, DöV 69, S. 733; diese beiden Möglichkeiten werden auch von der bislang diese Frage behandelnden Literatur größtenteils abgelehnt: dazu G. *Dürig*

Ein sinnvolles Zusammenwirken bei der Durchführung einzelner Objektschutzmaßnahmen kann vielmehr nur dort statuiert werden, wo man sich grundsätzlich auf ein gemeinsames Operieren auf der Grundlage einer Koordinierung auf organisatorischem Gebiet, aber unter Aufrechterhaltung bestehender Befehls- und Unterstellungsverhältnisse entschieden hat[158].

In der Praxis dürfte dies dann so aussehen, daß die auf dem jeweiligen Befehlsweg erteilten Anweisungen zwischen den oberen Dienststellen abgesprochen und miteinander abgestimmt werden[159]. Für den militärischen Bereich befiehlt der Kommandeur des Verteidigungskreiskommandos der eingesetzten Sicherungseinheit, zu welchen nichtmilitärischen Dienststellen oder Behörden Verbindung aufzunehmen und zu halten ist: diese Verbindung (die sofort hergestellt werden muß) ist vom Chef der Einheit persönlich wahrzunehmen; er hat dann auch einen ständigen Lage- und Informationsaustausch mit den polizeilichen Dienststellen wahrzunehmen[160]. Im übrigen aber erfolgen die jeweiligen Einsatzbefehle von den militärischen Dienststellen direkt und unmittelbar an ihre nachgeordneten Verbände; die institutionelle Unabhängigkeit bleibt somit für Polizei und Militär erhalten.

*d) Die Rechtsgrundlagen der Einzelmaßnahmen
bei der Unterstützung polizeilicher Maßnahmen*

Die Übertragung des Objektschutzes „zur Unterstützung polizeilicher Maßnahmen" zeigt die Intention des Verfassungsgebers, den Einsatz der

---

in M.-D.-H. Art. 87 a RN 76 m. w. Nw. Eine abweichende Meinung (die sich an der Neufassung des Grundgesetzes von 1968 noch nicht orientieren konnte) findet sich dagegen bei *H. Ehmke:* Militärischer Oberbefehl und parlamentarische Kontrolle, Zeitschrift für Politik 1954, S. 351: danach ist der Einsatz von Truppen im Staatsnotstand grundsätzlich polizeiliche Aufgabe und als solche dem Innenminister zu übertragen; in der Praxis sähe das nach Ehmke so aus, daß der Verteidigungsminister nach Antrag die angeforderten Truppen den Polizeibefehlshabern zu unterstellen hätte.
[158] Ähnlich *G. Dürig* in M.-D.-H. Art. 87 a RN 76 a. E., aber ungenau: „organisatorisches Nebeneinander". Eine brauchbare Lösung findet sich in der ZDv. 1/50 („Militärische Gliederungsformen, Unterstellungsverhältnisse, Befehle und Richtlinien"): Die dort geregelte „Anweisung auf Zusammenarbeit" bezieht sich zwar nur auf eine Zusammenarbeit zwischen militärischen Führern untereinander, diese kann aber ohne Bedenken übernommen werden für ein Zusammenwirken zwischen zivilen und militärischen Dienststellen (so der Wortlaut in ZDv. 1/50, Nr. 30: „Die Zusammenarbeit verpflichtet zur gegenseitigen Unterrichtung, Beratung und Unterstützung in allen Angelegenheiten, deren gemeinsame Erledigung der militärische Dienst erfordert.").
[159] Ähnlich *D. Keidel*, S. 124: „... müssen sich beide Seiten über die zu treffenden Maßnahmen verständigen und einigen." *E. Schunck:* Das Notstandsrecht, S. 89, bezeichnet die Pflicht zur Zusammenarbeit als „eigentlich selbstverständlich".
[160] So auch ausdrücklich vorgesehen in der HDv. 212/6 („Die Sicherungskompanie"), Nr. 70 u. 92.

Bundeswehr nach Satz 2 nur zur polizeilichen Gefahrenabwehr und zur Beseitigung einer Störung der öffentlichen Sicherheit und Ordnung zuzulassen[161]. Es handelt sich hier nicht mehr um ein Geschehen kriegsrechtlicher Natur, sondern um die Wahrnehmung materieller Polizeiaufgaben, die ausnahmsweise kraft grundgesetzlicher Ermächtigung den Streitkräften übertragen ist; der allgemeine Verteidigungsauftrag und die damit verbundenen Regeln des Kriegsvölkerrechts bilden dabei nicht die Rechtsgrundlagen für diese — im Grunde nur subsidiäre — Wahrnehmung polizeilicher Aufgaben durch die Streitkräfte. Vielmehr haben sich die Abwehrmaßnahmen der hier eingesetzten militärischen Einheiten auf der Grundlage des Polizeirechts zu bewegen, da die Rechtsnatur der Aufgabe durch den Wortlaut des Grundgesetzes eindeutig als polizeiliche Tätigkeit festgelegt ist[162].

Zur Frage nach den speziellen polizeilichen Rechtsgrundlagen ist zunächst nochmals festzuhalten, daß die Sicherungseinheiten der Bundeswehr auch in dieser Situation Bestandteil der Bundesexekutive bleiben; ihre Einzelmaßnahmen zur Durchführung des Objektschutzes nach Satz 2 können sich mithin wegen des Verbotes eines Vollzuges von Landesgesetzen durch die Bundesexekutive (vgl. BVerfGE 12, 221 und BVerfGE 21, 327) nur und ausschließlich nach Bundesrecht richten[163].

Von den gegenwärtig vorhandenen bundespolizeirechtlichen Vorschriften (UZwG und UZwGBw.[164]) scheidet das UZwG von vornherein aus: die mit Polizeiaufgaben betrauten militärischen Objektschutzeinheiten bleiben nicht nur Bestandteil der Bundesexekutive, sondern auch

---

[161] *W. Schreiber*, DöV 69, S. 733.
[162] So *W. Schreiber*, DöV 69, S. 733; ungenau *G. Dürig* in M.-D.-H. Art. 87 a RN 80, der in diesem Zusammenhang von einer „latenten Zweispurigkeit der Rechtsgrundlagen" (Kriegsvölkerrecht bei Angriffen regulärer Kombattanten, Polizeirecht bei nichtkombattanten Störern) spricht: die militärische Aufgabe der Abwehr gegnerischer Einheiten, die unstreitig durch die kriegsvölkerrechtlich zulässigen Gewaltmaßnahmen zu erfolgen hat, wird hier überhaupt nicht berührt; der Satz 2 der Art. 87 a III behandelt ausschließlich den Schutz ziviler Objekte i. S. d. polizeilichen Gefahrenabwehr (s. dazu auch *K. Ipsen* in BK Art. 87 a RN 94).
[163] Ebenso die Meinung der Kommentarliteratur *G. Dürig* RN 81; *K. Ipsen* RN 119; *v. Mangoldt-Klein*, S. 2331). Auf die von *K. Ipsen* RN 116 ausführlich erörterte und mit Recht abgelehnte Möglichkeit eines Einsatzes auf Grundlage der Notwehr braucht hier nicht näher eingegangen zu werden, da diese Notwehrbefugnisse von ihrer Zweckbestimmung her und in Hinblick auf Art, Form und Intensität die in der innenpolitischen Krisenlage eines Spannungs- und Verteidigungsfalles erforderlichen Schutz- und Abwehrmaßnahmen gegen Stör- und Sabotagetrupps nicht erfüllen können. a. A. dagegen *Cl. Arndt*: Bundeswehr und Polizei im Notstand, DVBl. 1968, S. 731.
[164] Zum polizeirechtlichen Charakter des UZwGBw. s. *E. Jess* und *S. Mann*: Gesetz über die Anwendung unmittelbaren Zwanges durch die Bundeswehr, S. 53 ff.; dazu auch *I. Klinkhard*: Der administrative Waffengebrauch der Bundeswehr, JZ 69, S. 709.

II. Der Schutz ziviler Objekte im Spannungs- oder Verteidigungsfall 67

organisationsrechtlich in jeder Hinsicht dem militärischen Bereich zugehörig; die ihnen durch das Grundgesetz zugewiesene polizeiliche Aufgabe vermag allein noch kein Herauslösen aus dieser Unterstellung zu begründen. Die abgestellten Truppenteile können daher nicht den Polizeibeamten gleichgestellt und dem allein auf die Polizeiorgane zugeschnittenen UZwG unterworfen werden; dieses Gesetz findet als Rechtsgrundlage keine Anwendung.

Als einzig verbleibende Rechtsgrundlage kann mithin nur das speziell auf den Wach- und Sicherungsdienst der Bundeswehr zugeschnittene UZwGBw. herangezogen werden, wobei dieses Gesetz in der vorliegenden Fassung (Verkündungszeitpunkt: 12. 8. 1965) den gegenwärtigen verfassungsrechtlichen Anforderungen einer Notstandsregelung i. S. d. Art. 87 a Abs. III Satz 2 GG nicht voll gerecht wird: die Bestimmungen des UZwGBw sind dem Wortlaut nach gegenständlich begrenzt auf den Selbstschutz der Bundeswehr und deren Anlagen (§§ 2 und 3); es enthält dagegen keine Rechtsgrundlagen für Zwangsmaßnahmen beim Schutz ziviler Objekte. Eine unmittelbare Anwendung dieser Vorschriften ist also nicht unproblematisch. Zur Umgehung dieser Hindernisse werden in der Literatur zwei Lösungswege angeboten:

— Nach der Ansicht von *G. Dürig* (RN 82 i. V. m. RN 55) sind als Rechtsgrundlagen die einschlägigen Vorschriften des UZwGBw. i. V. m. Art. 87 a Abs. III GG heranzuziehen; die Verfassungsbestimmung hebt nach dessen Meinung die gegenständliche Begrenzung des § 2 Abs. I und II UZwGBw. im Spannungs- und Verteidigungsfall im Wege einer „verfassungsbezogenen Normerweiterung" auf — eine etwas gewagte Konstruktion, durch die der eindeutig gefaßte Wortlaut des Gesetzes in sicherlich unzulässiger Weise erweitert wird[165].

— Nach der Ansicht von *K. Ipsen* (RN 133) kann in der Übertragung polizeilicher Funktionen auf die Streitkräfte durch ein entsprechendes Übertragungsabkommen vereinbart werden, daß die zu schützenden Objekte nach § 2 Abs. II UZwGBw. zu militärischen Sicherheitsbereichen erklärt werden.

Dieser letzteren Lösung ist insofern der Vorzug zu geben, da das Einschreiten des Militärs auf Grund des Abkommens unmittelbar auf der Grundlage dieses Gesetzes erfolgt; die Erklärung zum militärischen Sicherheitsbereich kann formlos und ohne weiteren Aufwand bewerk-

---

[165] So räumt *G. Dürig* auch ein, daß in das UZwGBw. zunächst eine Bestimmung eingefügt werden müsse, die das Gesetz auch für Zivilobjekte als anwendbar erklären würde; *W. Schreiber*, S. 733 erklärt die Anwendung des UZwGBw. wegen der gegenständischen Beschränkung für generell unzulässig.

stelligt werden¹⁶⁶. Auch stehen die eng gefaßten materiellrechtlichen Voraussetzungen des § 2 Abs. II UZwGBw. im Einklang mit dem Grundsatz, daß jegliche Verwendung von militärischen Kräften im Innern nur ausnahmsweise, gleichsam als letztes der zur Verfügung stehenden Mittel zulässig ist: die Erklärung nichtmilitärischer Anlagen zu militärischen Sicherheitsbereichen darf nach dieser Vorschrift nur getroffen werden, wenn der Schutzzweck nicht oder nur mit unverhältnismäßigen Mitteln erreicht werden kann; dabei ist die Anordnung nach § 2 Abs. II nach Umfang und Zeitdauer auf das unerläßliche Maß zu beschränken¹⁶⁷.

e) Die Begrenzung der Zwangsmaßnahmen und des Waffengebrauchs

Die nach Art. 87 a Abs. III Satz 2 GG erforderlichen Einzelmaßnahmen erfahren ihre inhaltliche Ausgestaltung im 2. und 3. Abschnitt des UZwGBw.; dort wird zugleich verbindlich festgelegt, welche Tätigkeiten im einzelnen vorgesehen und erlaubt sind. So kann es sich einmal um Maßnahmen handeln, die nur unmittelbarer Ausfluß der Schutztätigkeit sind (Anhalten, Personenüberprüfung, vorl. Festnahme, Durchsuchung, Beschlagnahme, s. dazu §§ 4 - 8 UZwGBw.); zum anderen ist die Maßnahme des unmittelbaren Zwanges (§ 9 UZwGBw.) als Rechtsgrundlage zur eigentlichen Durchführung der Zwangsmaßnahmen vorgesehen, wobei in den §§ 10 - 18 UZwGBw. die Art und Weise der Zwangsmaßnahmen geregelt ist. Der polizeirechtliche Charakter dieser Vorschriften unterwirft alle diese Maßnahmen dem Verhältnismäßigkeitsgrundsatz; die Prinzipien der Erforderlichkeit und des geringsten Eingriffs, von denen im übrigen das gesamte UZwGBw. geprägt ist (s. dazu z. B. den Wortlaut der §§ 12, 15 und 16 UZwGBw.), bestimmen die Auswahl und Anwendung der Zwangsmittel. Hierin verdeutlicht sich zugleich die Grenze zwischen polizeilichem und militärischem Einsatz: Die eigentliche Aufgabe der Streitkräfte ist die Vernichtung des angreifenden Gegners; dagegen besteht die polizeiliche Hauptaufgabe, wie sie hier ausnahmsweise den Streitkräften übertragen ist, in der Beseitigung der Gefahr unter geringstmöglichem Aufwand und unter möglichster Schonung des Störers. Gerade auf diese Polizeiaufgabe bezieht sich das UZwGBw.; ein militärischer Einsatz nach den dafür geltenden taktischen Grundsätzen ist im Rahmen dieses Gesetzes eindeutig unzulässig.

Diese Polizeiaufgaben sind wahrzunehmen von den Einheiten des Territorialheeres, denn ihnen sind einerseits als Aufgabenbereich die

---

¹⁶⁶ Ebenso vorgesehen in der HDv. 212/6, Ziff. 2: „die zu schützenden Objekte sind zum militärischen Sicherheitsbereich zu erklären und entsprechend zu kennzeichnen."
¹⁶⁷ Vgl. dazu auch *E. Jess* und *S. Mann*, S. 87.

II. Der Schutz ziviler Objekte im Spannungs- oder Verteidigungsfall

Aufrechterhaltung der Operationsfreiheit aller NATO-Einsatzverbände auf dem Territorium der Bundesrepublik durch die Übernahme der Schutzfunktionen im Zusammenwirken mit den zivilen Behörden einschließlich des BGS und der Polizei zugewiesen, wobei Organisation und Führung der Verwaltungsstruktur der Bundesländer angepaßt ist[168]; andererseits reicht deren Ausrüstung und Bewaffnung nur dazu aus, Schutzaufgaben im Sinne polizeilicher Gefahrenabwehr zu übernehmen, nicht aber weitergehende Kampfaufträge auf dem Gefechtsfeld auszuführen[169]. Festzuhalten bleibt demnach, daß polizeimäßiges Eingreifen den Einheiten des Territorialheeres, kriegsmäßige Kampfeinsätze denen des Feldheeres zu übertragen sind.

Im übrigen stellt sich für den polizeimäßigen Einsatz die Frage, inwieweit das Verhältnismäßigkeitsprinzip eine Beschränkung der einzusetzenden Kräfte erfordert[170]. Wenn von einem Teil der Rechtslehre[171] die Ansicht vertreten wird, daß die hier aufgezeigten polizeirechtlichen Einsatzgrundsätze aus sich heraus den Gebrauch einzelner Waffentypen wegen ihrer Gefährlichkeit oder Unberechenbarkeit (so z. B. Handgranaten oder Maschinengewehre) verbieten, so ist dem nur insoweit zuzustimmen, als nicht die Zulassung der Waffe als solche, sondern die Begrenzung ihrer Verwendung vom Betroffenen her gesehen entscheidend ist[172]. Auch der Verhältnismäßigkeitsgrundsatz muß insoweit extensiv interpretiert werden, als er dem angegriffenen Wachpersonal in einer besonders gefährlichen Lage nicht durch das Vorenthalten notwendiger Verteidigungsmittel die Hände binden und den einzelnen einer unzumutbaren Gefahr aussetzen würde. Vielmehr

---

[168] Vgl. BMinVtg. (Hrsg,): Weißbuch 71/72, S. 31; HDv. 212/6 Nr. 6.

[169] Zur Ausstattung an Waffen und Kampfmitteln einer Sicherungskompanie s. Anlage 2 der HDv. 212/6.

[170] Mit mehrfachen Verfassungsbeschwerden haben bereits die Gewerkschaft der Polizei und andere Beschwerdeführer eine höchstrichterliche Entscheidung über diese Frage herbeizuführen gesucht. Das BVerfG hat die Verfassungsbeschwerde der Gewerkschaft der Polizei (Az. 2 BvR 83/62) durch Beschluß vom 28. 5. 1962 als unzulässig verworfen mit der Begründung, es sei nicht die Verletzung eigener Grundrechte, sondern die Verletzung von Grundrechten ihrer Mitglieder gerügt worden. Ebenfalls als unzulässig verworfen wurden die beiden Verfassungsbeschwerden, die einmal von außerhalb der Polizei stehenden (Az. 1 BvR 262/62) und einmal von der Polizei angehörenden Beschwerdeführern (Az. 2 BvR 240/62) eingelegt wurden (Beschlüsse vom 22. 7. 1964 und 27. 7. 1964), da die Beschwerdeführer mit Explosivmitteln (um solche hatte es sich in den Verfassungsbeschwerden gehandelt) noch nicht in Berührung gekommen waren.

[171] z. B. *H.-U. Evers* und *C.-H. Ule* auf der 3. öffentlichen Informationssitzung des Rechtsausschusses und des Innenausschusses am 30. 11. 1967, Prot. Nr. 59/75, S. 70 f.; *E. Denninger* und *F. W. Beye*: Rechtsgutachten zum Waffengebrauch der Polizei (erstattet im Auftrag der Gewerkschaft der Polizei), S. 13 ff.

[172] *E. Jess* und *S. Mann*, S. 150.

ist es allein der Störer, der die Mittel zur Beseitigung der von seinem Verhalten ausgehenden Störung diktiert[173]; eine konkrete Begrenzung etwa von Art, Reichweite und Intensität aller in Frage kommenden Waffen läßt sich daher ohne Berücksichtigung der vom Angreifer eingesetzten Gewaltmittel überhaupt nicht treffen. Entscheidend für den Waffeneinsatz ist somit die Wahl desjenigen Verteidigungsmittels, das geeignet und erforderlich ist, den Angriff wirkungsvoll zu verhindern oder abzuwehren und den Störer selbst angriffs- und fluchtunfähig zu machen. So kann beispielsweise der Einsatz von Maschinengewehren oder anderen Flächenfeuerwaffen auch unter Berücksichtigung der Verhältnismäßigkeit dann zulässig sein, wenn die Sabotagetrupps selbst mit derartigen oder gar schwereren Waffen ausgerüstet sind und deren Abwehr zum Zwecke der Angriffs- oder Fluchtunfähigkeit durch den Gebrauch sog. „einfacher" Waffen (Gewehr, Pistole) entweder erfolglos angewendet wurde oder offensichtlich keinen Erfolg verspricht (vgl. dazu § 16 Abs. I UZwGBw).

In diesem Zusammenhang muß auch der Ansicht von E. Denninger u. F. W. Beye (in: Rechtsgutachten zum Waffengebrauch der Polizei, S. 26), die Anwendung von Maschinengewehren sei verfassungsrechtlich unzulässig, weil die technische Beschaffenheit dieser Waffen eine exakte Schußabgabe nicht ermögliche und somit nicht in jeder Phase des Geschehens die Begutachtung des Übermaßverbotes gewährleistet sei, entgegengehalten werden, daß bei sorgfältiger Ausbildung, eine den Erfordernissen des konkreten Falles angepaßte kontrollierte Abgabe von kürzeren oder längeren Feuerstößen durchaus möglich ist; selbst bei massierten Schußgarben ist durch die an den Waffen und der Munition vorhandenen Einrichtungen (Zielfernrohr, Leuchtspur usw.) eine kontrollierte Bekämpfung des Angreifers jederzeit gewährleistet. Auch ist der Schluß einfach falsch, den E. Denninger u. F. W. Beye aus der vermeintlichen Unzulässigkeit einiger Waffen ziehen, nämlich (daß) „... der sooft zitierte Satz, daß der Störer jeweils die zulässigen Mittel des polizeilichen Zwanges bestimme, gilt also nur eingeschränkt" (a. a. O., S. 26). Einmal gebietet es die rechtsstaatliche Ordnung, daß rechtswidrige Störungen beseitigt werden; wenn aber dem Störer nicht mehr die entsprechenden Waffen entgegengesetzt werden dürfen, können die jeweiligen Störungen zwangsläufig auch nicht beseitigt und die rechtsstaatliche Ordnung nicht aufrechterhalten bzw. wiederhergestellt werden (zumal wäre dann jeder Rechtsbrecher gut beraten, sich mit derartigen „verfassungsrechtlich unzulässigen" Waffen auszustatten, die ihm von vornherein eine waffenmäßige Überlegenheit gegenüber den Polizeibeamten garantieren).

---

[173] So mit Recht G. Dürig in M.-D.-H. Art. 87 a RN 56.

Zum andern gebietet es die Fürsorgepflicht des Staates gegenüber seinen Polizeibeamten und, wie hier, den Soldaten, von denen er in Ausübung ihres Dienstes den Einsatz von Leib und Leben für andere verlangen darf, sie auch mit denselben Waffen und Kampfmitteln auszustatten, wie sie der Störer faktisch für sich in Anspruch nimmt[174].

Ob in Ausnahmefällen neben Waffen (im technischen Sinn) auch Explosivmittel (vor allem Handgranaten, aber auch Sprengstoffe und Minen) eingesetzt werden dürfen, ist trotz der ausdrücklichen Erwähnung dieser Kampfmittel in § 18 UZwGBw. ebenfalls umstritten. Der Grund hierfür liegt in der erhöhten Gefährlichkeit wegen der schwer zu steuernden Wirkung; eine gezielte Verwendung, die den Angreifer lediglich kampf- und fluchtunfähig werden läßt, ist für den Laien nur schwer vorstellbar[175]. Dennoch sind Situationen denkbar, in denen der Störer aus einer vom direkten Schuß unerreichbaren Deckung heraus seine Kampftätigkeit fortsetzt[176] (s. dazu im einzelnen Ausführungen im 1. Abschnitt IV, 4, S. 38); hier dürfte beispielsweise die Anwendung von Handgranaten gerechtfertigt sein, sofern durch eine *genaue Berechnung* der Distanz eine derartige *Dosierung* der Splitterwirkung gewährleistet ist, daß der Angreifer mit hoher Wahrscheinlichkeit keine tödlichen Verletzungen erleidet.

Die Befürwortung des Einsatzes derartiger Explosivmittel besagt aber nicht, daß alle denkbaren Kampfmittel verwendet werden dürfen. So sind unzulässig beispielsweise Giftgase, Flammenwerfer oder Wasserwerfer mit ätzenden Flüssigkeiten; deren Verwendung kann mit dem Grundsatz der Erforderlichkeit nicht mehr begründet werden[177].

III. Der Schutz ziviler Objekte unter den Voraussetzungen des Art. 87 a Abs. IV GG

Neben den Objektschutzbefugnissen bei Vorliegen des Spannungs- oder Verteidigungsfalles steht den Streitkräften eine vergleichbare Befugnis in den verfassungsrechtlichen Notlagen zu, in denen auch ein

---
[174] So auch *G. Dürig* in M.-D.-H. Art. 2 Abs. II, RN 18. Zu diesem Komplex ausführlich und mit zutreffender Begründung *W. Brunkow*, S. 91 ff.
[175] Deshalb kommen auch *E. Denninger* und *F. W. Beye* (S. 13) wegen der — angeblichen — Unkontrolliertheit der Wirkungsweise derartiger Explosivmittel zu dem Schluß, „daß die vorgesehene Ausrüstung der Polizei mit Handgranaten und Explosivmitteln gesetzeswidrig und damit zugleich auch verfassungswidrig ist".
[176] Eine derartige Situation wird z. B. im gesamten Rechtsgutachten von *E. Denninger* und *F. W. Beye* aus unerfindlichen Gründen nicht berücksichtigt.
[177] So *H. Bremer:* Das Recht der Polizei zum Waffengebrauch, S. 41: dieser spricht unter Bezug auf *W. Jellinek:* Verwaltungsrecht, S. 340 von „entwürdigenden Waffen"; bei den zulässigen Waffen sollte es sich jeweils um „staatspolitisch tragbare Wirkungsmittel" handeln.

Einschreiten gegen bewaffnete Aufständische vorgesehen ist, Art. 87 a Abs. IV GG eröffnet mithin der Bundesregierung — unter den Voraussetzungen des Art. 91 Abs. II GG — nicht nur die Möglichkeit, den durch einen innerstaatlichen Konflikt unmittelbar gefährdeten Bestand des Staates dadurch zu retten, daß militärische Einheiten gegen die bewaffnete Tätigkeit aufständischer Gruppen selbst eingesetzt werden, sondern auch, daß Teile der Streitkräfte den Schutz bestimmter ziviler Anlagen in dieser Situation zur Unterstützung der Polizei übernehmen (zu den rechtlichen Voraussetzungen eines solchen Einsatzes s. 1. Abschnitt III 1 - 3).

1. Inhalt und Begrenzung des Einsatzzweckes

Das Gesetz selbst stellt in Art. 87 a Abs. IV GG zwei allgemeine Zweckbestimmungen auf (Abwehr drohender Gefahren — Unterstützung der Polizei); diese bilden auch die Grundlagen für den unter den gleichen rechtlichen Voraussetzungen zulässigen Einsatz gegen die bewaffneten Aufständischen.

Der eigentliche Einsatzzweck liegt in der „Unterstützung der Polizei", also in der Übernahme des Schutzes solcher Objekte, die in der Staatsnotstandslage des Art. 87 a Abs. IV von Polizei und BGS wegen der Übermacht des nichtkombattanten Gegners nicht mehr wirkungsvoll gesichert werden können, wobei der Einsatzzweck durch das Vorherrschen zumindest bürgerkriegsähnlicher Zustände gerechtfertigt wird. Gegenüber der in Abs. III geregelten Einsatzbefugnis des Spannungs- oder Verteidigungsfalles, in dem primär eine Gefahr von außen droht, entsteht hier die für den Staat bedrohliche Krisensituation durch einen innerstaatlichen Konflikt; die Gefahrenmomente in Abs. III und Abs. IV sind also verschiedener Natur und erfordern demgemäß auch eine unterschiedliche Behandlung der Schutztätigkeit.

Die zweite Zweckbestimmung („zur Abwehr drohender Gefahren") stellt sich dagegen als eine Zweckbegrenzung für den Einsatzverantwortlichen dar: anders als in Abs. III, der durch das formelle Erfordernis des Spannungs- oder Verteidigungsfalles eine parlamentarische Entscheidung nach Art. 80 a bzw. 115 a GG voraussetzt und erst danach die Schutzbefugnis nach Satz 1 ipso iure und nach Satz 2 durch Übertragung entstehen läßt, liegt die Entscheidung für den Einsatz nach Abs. IV, sobald die Voraussetzungen des Art. 91 Abs. II GG eingetreten sind, allein bei der Bundesregierung; irgendwelcher parlamentarischer Mitwirkung bedarf es dabei nicht. Für diese erhöhte Verantwortung muß in dieser zweiten Zweckbestimmung eine enge Abgrenzung gesehen werden: Die Schutztätigkeit kann nur angeordnet werden, wenn die Gefahr unmittelbar bevorsteht, noch anhält oder noch nicht völlig abgewendet ist, wobei sich die Gefahr spezifisch auf den Bestand des

III. Der Schutz ziviler Objekte nach Art. 87 a Abs. IV GG

Bundes oder eines einzelnen Landes beziehen muß. Ist eine derartige Gefahr dagegen gebannt, so sind die eingesetzten militärischen Einheiten unverzüglich von den Zivilobjekten abzuziehen; dann sind für den weiteren Objektschutz nur noch die jeweiligen Polizeikräfte zuständig.

2. Die Auswahl der Objekte

Während die Schutzbefugnis nach Abs. IV nicht nur verteidigungswichtige (wie in Abs. III Satz 1) Zivilobjekte, sondern auch solche Anlagen umfaßt, die etwa für den ausschließlichen zivilen Sektor von entsprechender Wichtigkeit sind[178], so besteht indess Übereinstimmung darüber, daß diese Schutztätigkeit nach Abs. IV nicht unterschiedslos allen beliebigen zivilen Objekten gewährt werden darf[179]. Begründet wird diese Einschränkung von einem Teil des Schrifttums[180] mit der Befürchtung, eine unumschränkte Ermächtigung, die beispielsweise auch Fabriken oder Verlagshäuser in den militärischen Schutz einbeziehen wolle, könne praktisch auf einen generellen Betriebsschutz hinauslaufen, der eine Kollision mit dem in Art. 9 Abs. III Satz 3 enthaltenen Verbot der Beeinträchtigung von Arbeitskämpfen zur Folge hätte, besonders, wenn die Bundeswehr entsprechende Einsatzübungen abhalten würde[181].

Allein diese Argumentation vermag eine sinnvolle Einschränkung nicht zu begründen: der militärische Einsatz bezieht sich allein auf Gewalt- und Terrorakte verfassungsfeindlicher Kräfte; Arbeitskämpfe i. S. d. Art. 9 Abs. III GG werden dabei überhaupt nicht tangiert (Art. 9 Abs. II!). Daß zudem mögliche „Einsatzübungen" (die derzeit mangels einer begründeten Notwendigkeit überhaupt nicht durchgeführt werden, von einigen Planübungen einmal abgesehen) eine Beschränkung des Streikrechts beinhalten könnten, ist ebenfalls nicht recht verständlich: sollte entgegen der bislang geübten Praxis tatsächlich im Wege der Ausbildung ein derartiger Einsatz (wohlgemerkt: ohne einen einzigen scharfen Schuß) durchgespielt werden, so wären derartige Übungen nicht nur in rechtlicher, sondern vor allem in tatsächlicher Hinsicht in keiner Weise geeignet, Arbeitskämpfe, die gerade stattfinden mögen, zu unterbinden und streikende Arbeitnehmer im Wege einer Einsatzübung zur Wiederaufnahme der Arbeit zu zwingen.

Mit einer weitaus differenzierteren Begründung kommt demgegenüber K. Ipsen[182] zu einer Beschränkung hinsichtlich der Objektauswahl:

---
[178] Vgl. dazu *v. Mangoldt-Klein*, S. 2336.
[179] So u. a. *v. Mangoldt-Klein*, S. 2336.
[180] G. *Dürig* in M.-D.-H. Art. 87 a RN 119; R. *Hoffmann*, in: Kritik der Notstandsgesetze, S. 111.
[181] So *Hoffmann*, S. 111 unter Bezug auf die Ausführungen des Abg. *Matthöfer* in der 178. Sitzung, BT-Sten. Bericht, S. 9632.

aus der allgemeinen Zweckbestimmung, die sich aus der Erforderlichkeit des Einsatzes „zur Abwehr" der Gefahrenlage ergibt, ist zu ersehen, daß nur solche zivilen Objekte zu schützen sind, deren Gefährdung dem Rang der Gefahr i. S. d. Art. 87 a Abs. IV GG entspricht.

Dieser Ansicht ist zu folgen, denn sie bezieht sich allein auf den unmittelbaren Wortlaut des Gesetzes und interpretiert daraus den Einsatzzweck in der restriktiven Weise, daß jegliche Verwendung militärischer Kräfte im Innern sachimmanenten Grenzen unterliegt, die unter Berücksichtigung ihrer Ausnahmefunktion — hier: der Schutz und die Wiederherstellung der Normallage — abzustecken sind[183]. Somit beschränkt sich die Auswahl auf solche Zivilobjekte, die für die Versorgung der Bevölkerung unerläßlich sind (vor allem Kraftwerke, wie Elektrizitäts-, Wasser-, Atomkraftwerke, aber auch private Industrieunternehmen, sofern sie als wichtige Versorgungsträger für das Gemeinwohl gebraucht werden, wie z. B. private Energieversorgungsanlagen) und solche, die dem ordnungsgemäßen Funktionieren der öffentlichen Gewalt, insbesondere aber der Daseinsvorsorge, dienen (z. B. Bahn-, Post-, Fernmeldeanlagen)[184]. Dagegen dürfen Anlagen, die zwar den Anschlägen bewaffneter Aufständischer ausgesetzt sind, darüberhinaus aber für die Aufrechterhaltung überragender öffentlicher Belange und somit für den Bestand des Staates nur sekundäre Bedeutung haben (etwa Theater, Museen, Sportanlagen), nicht dem militärischen Schutz unterworfen werden; hierfür sind ausschließlich die jeweiligen Polizeiorgane zuständig.

3. Die Rechtsgrundlagen des Eingreifens nach Abs. IV

Nach einhelliger Meinung der gesamten diese Frage behandelnden Kommentarliteratur sind die Vorschriften des UZwGBw. die angemessenen Rechtsgrundlagen für den Objektschutz nach Abs. IV[185]. Zur Begründung wird — ohne daß die spezifische Notstandssituation im einzelnen Erörterung findet — vorgetragen, daß die Wahrnehmung der Objektschutzaufgabe eine polizeiliche Tätigkeit sei, die deshalb nur auf der Grundlage von (Bundes-)Polizeirecht erfolgen könne (so G. Dürig ebenda).

Dieser Argumentation kann indes nicht gefolgt werden, da sie weder die rechtliche Lage noch die tatsächlichen Voraussetzungen angemessen berücksichtigt, die ein Eingreifen nach Abs. IV notwendig machen.

---

[182] RN 166; ihm folgend v. Mangoldt-Klein, S. 2336.
[183] Vgl. dazu auch K.-H. Hall: Notstandsverfassung und Grundrechtseinschränkungen, JZ 1968, S. 159 f.
[184] K. Ipsen in BK Art. 87 a RN 166.
[185] G. Dürig in M.-D.-H. Art. 87 a RN 125; K. Ipsen in BK Art. 87 a RN 167; v. Mangoldt-Klein, S. 2336; D. Keidel, S. 161.

III. Der Schutz ziviler Objekte nach Art. 87 a Abs. IV GG

Die rechtlichen Überlegungen haben dabei auszugehen von der vom Gesetzgeber gewählten Formulierung „zur Unterstützung der Polizei und des Bundesgrenzschutzes". Damit ist weder gesagt, daß die Schutzeinheiten „als Polizeikräfte" auftreten und somit an die Vorschriften des Polizeirechts gebunden sind, noch, daß der Einsatz „zur Unterstützung polizeilicher Maßnahmen" (wie in Abs. III Satz 2) stattzufinden habe und deshalb als materielle Polizeiaufgabe zu spezifizieren sei. Vielmehr bestimmt die Formulierung „zur Unterstützung..." allein den Einsatzzweck und besagt nur (was ohnehin beim Einsatz nach Abs. IV unabdingbare Voraussetzung ist), daß Polizei und BGS zur Bekämpfung der Gefahr nicht mehr in der Lage sind. Einen weiteren Aussagewert, wie beispielsweise die Unterstellung des eingesetzten Militärs unter polizeirechtliche Normen, kommt dieser Formulierung nicht zu; ebensowenig ist sie geeignet, ein Zusammenwirken zwischen militärischen oder zivilen Behörden (wie es in Abs. III Satz 2 vorgesehen ist) zu begründen[186]. Anders ist auch die unterschiedliche Ausgestaltung von Abs. III Satz 2 und Abs. IV nicht zu erklären: die „Unterstützung polizeilicher Maßnahmen" hat eine tätigkeitsbezogene Wertung, ihr Aussagewert liegt in dem „wie" des Einsatzes, nämlich in der polizeilichen Unterstützung, also einer Polizeiaufgabe (die damit zu erklären ist, daß die allgemeine Gefahrenlage von Abs. III Satz 2 noch nicht den Intensitätsgrad des Abs. IV erreicht hat). Demgegenüber besagt die Formulierung „zur Unterstützung der Polizei" nichts über das „wie" der Schutzmaßnahmen; sie ist eine reine Zweckbestimmung ohne jegliche Begrenzungskriterien, also auch ohne die Begrenzung auf die Ausübung nur polizeilicher Funktionen.

Diese Betrachtung wäre im übrigen nicht vollständig, würde man neben der verfassungsrechtlichen Interpretation nicht auch die praktischen Auswirkungen einer Unterwerfung der militärischen Sicherungstruppen unter das UZwGBw. in der innerstaatlichen Konfliktsituation des Art. 87 a Abs. IV GG mit in die Erörterung einbeziehen.

Ein Aufstand in den Ausmaßen, wie ihn Abs. IV voraussetzt, dürfte sich auf einer Ebene abspielen, die praktisch Bürgerkrieg bedeutet, wobei die Mitwirkung meuternder Truppenteile nicht ausgeschlossen ist. In dieser Situation wäre es unverantwortlich, die nach kriegsmäßigen Grundsätzen vorgehenden und mit militärischen Waffen kämpfenden Angreifer unter Bindung an das auf den einzelnen Störer und dessen Abwehr mit den geringsten Mitteln ausgerichtete Polizeirecht (nämlich

---

[186] Hier zumindest inkonsequent K. *Ipsen* BK Art. 87 a RN 163 u. 164; ihm folgend *v. Mangoldt-Klein*, S. 2335 f., da beide diese Ansicht richtigerweise vertreten beim Einsatz der Streitkräfte gegen bewaffnete Aufständische, diese Grundsätze aber bei der Behandlung für den unter denselben rechtlichen Voraussetzungen möglichen Objektschutz nicht berücksichtigen.

dem UZwGBw.) von den gefährdeten Anlagen und Objekten fernzuhalten. Die materiellen Einzelregelungen, die das UZwGBw. trifft, sind daher nicht geeignet, den Rahmen für die erforderlichen Abwehrmaßnahmen zu ziehen: andernfalls würde die Gegenseite mit Sicherheit ohne große eigene Verluste, dafür aber unter um so größerer Gefährdung der Sicherungstruppe als Sieger hervorgehen.

Folglich sind auch hier die Streitkräfte befugt, nach militärischen Kampfgrundsätzen vorzugehen, so daß die militärischen Sicherungseinheiten berechtigt sind, die für die Abwendung der Gefahr für das betreffende Zivilobjekt notwendigen Maßnahmen zu treffen, die geeignet sind, den Angreifer unter dem geringstmöglichen Aufwand an Zeit und eigenen Kräften, aber unter höchstmöglicher Effektivität des Einsatzes zurückzuwerfen (vgl. dazu Ausführungen S. 32 f.); jede andere Alternative wäre für die Streitkräfte unzumutbar und nicht akzeptabel.

Als Ergebnis dieser Überlegungen bleibt weiterhin festzuhalten, daß nicht nur die Einheiten des Territorialheeres (wie etwa beim Einsatz nach Maßgabe des Art. 87 a Abs. III Satz 2), sondern auch die für den kriegsmäßigen Einsatz ausgerüsteten Truppenteile des Feldheeres für den Objektschutz nach Abs. IV herangezogen werden dürfen.

4. Der Umfang der Schutzmaßnahmen nach Abs. IV

Mit der Festlegung der Schutztätigkeit auf die Grundlage der allgemein anerkannten Prinzipien des Kriegsrechtes beantwortet sich auch die Frage nach Art und Umfang des Einsatzes: Zulässig sind alle Abwehrmaßnahmen, die geeignet sind, den Angreifer von dem betreffenden Objekt schnellstmöglich und effektiv fernzuhalten (s. o.). Eine Bindung der Streitkräfte an bestimmte Waffenarten besteht dabei nicht: eine solche würde die Effektivität des Einsatzes nur in Frage stellen. Einsetzbar sind also alle Waffen, die kriegsvölkerrechtlich nicht verboten sind, wobei außerdem das Verbot des Übermaßes des Einsatzes natürlich auch hier zu beachten ist (so wäre es z. B. unzulässig, einige versprengte oder flüchtende Angreifer, denen die Eroberung oder Zerstörung eines Objektes mißlungen ist, weiter unter Beschuß zu nehmen, wo deren Gefangennahme ohne weitere eigene Gefährdung möglich wäre).

Nicht genannt sind im Grundgesetz die militärischen Objekte, deren Schutz von vornherein durch das UZwGBw. den Streitkräften ausschließlich übertragen ist. Es wäre jedoch widersinnig, würde man den militärischen Anlagen, die dem nichtkombattanten Angreifer wahrscheinlich im größeren Maße ausgesetzt sind als die reinen Zivilobjekte, den umfassenderen Schutz nach Art. 87 a Abs. IV versagen sollte. Es bestehen keine Bedenken, diesen Tatbestand des Abs. IV auch auf militärische Anlagen zu übertragen; auch ist die Interessenlage hier die gleiche. Man kann zudem durchaus von einem Schluß a maiore ad minus sprechen: wenn schon der militärische Schutz in diesem Umfange den Zivilobjekten zukommt, so muß das Militär seine eigenen Anlagen um so mehr schützen können[187].

IV. Zusammenfassendes Ergebnis der Untersuchungen im 2. Abschnitt
(Die Ziffern in den Klammern weisen auf die einzelnen Teilabschnitte)

Der Einsatz der Streitkräfte zum Schutz ziviler Objekte ist in dreifacher Ausgestaltung möglich: Unter den Voraussetzungen des Art. 87 a Abs. III Satz 1 GG, Art. 87 a Abs. III Satz 2 GG, Art. 87 a Abs. IV GG. Der Einsatz gemäß Art. 87 a Abs. III Satz 1 GG setzt den Spannungs- oder Verteidigungsfall voraus.

Der Verteidigungsfall beruht auf der vom Bundestag mit Zustimmung des Bundesrates getroffenen Feststellung, daß das Bundesgebiet mit Waffengewalt angegriffen wird oder ein solcher Angriff unmittelbar droht (Art. 115 a GG). Der Spannungsfall (eine Legaldefinition fehlt) ist zu definieren als ein Zustand verschärfter nationaler oder internationaler Spannungen, der — hervorgerufen durch die begründete Gefahr einer bewaffneten Auseinandersetzung — die Herstellung einer erhöhten Verteidigungsbereitschaft erforderlich macht. Wie der Verteidigungsfall setzt auch der Spannungsfall eine parlamentarische Entscheidung voraus, Art. 80 a Abs. I GG. Eine Ausnahme bietet Art. 80 a Abs. III GG: Ein entsprechender Beschluß eines internationalen Organs, wie beispielsweise des NATO-Rates kann, soweit die Bundesregierung zustimmt, den rechtlichen Zustand des Spannungsfalles begründen (II, 1 a).

Die Auswahl der zu schützenden Objekte unterliegt wegen des Ausnahmecharakters der Einsatzvorschriften und der in Art. 87 a Abs. III Satz 1 ausdrücklich normierten Erforderlichkeitsklausel gewissen Einschränkungen: dem militärischen Schutz sollen nur Objekte unterstellt werden, die

— für die Logistik der Streitkräfte überragende Bedeutung haben und darüber hinaus
— besonders gefährdet sind, wobei sich während eines tatsächlich geführten Angriffs die Abwehrmaßnahmen wegen des harten Widerstandes der Terroristen mit hoher Wahrscheinlichkeit zu militärischen Kampfhandlungen ausweiten werden (II, 1 b).

---
[187] Dafür *Th. Maunz:* Deutsches Staatsrecht, S. 198; dagegen (ohne jedoch näher darauf einzugehen): *v. Mangoldt-Klein,* S. 2336.

Die Rechtsgrundlagen der zur Abwehr erforderlichen Einzelmaßnahmen bilden, wie in Art. 87 a Abs. IV GG, die Grundsätze des Kriegsvölkerrechts; die Rechtsgrundlagen für die rein vorbereitenden Tätigkeiten sind die Vorschriften des Bundesleistungsgesetzes i. V. m. der Rechtsverordnung über die Anforderungsbehörden und Bedarfsträger nach dem Bundesleistungsgesetz heranzuziehen (II. 1 d).

Die Einzelmaßnahmen werden durch die gesetzliche bestimmte Erforderlichkeitsklausel insofern eingeschränkt, als sich die Abwehraktionen auf die alleinige Abschirmung der Zivilanlagen zu beschränken haben (II, 1 d).

Der Einsatz nach Maßgabe des Art. 87 a Abs. III Satz 2 GG setzt, ebenso wie der in Satz 1, den Spannungs- oder Verteidigungsfall voraus. Zusätzlich wird eine Übertragung der Schutzbefugnisse gefordert. Der Übertragungszweck liegt in dem Schutz ziviler Anlagen im Sinne einer polizeilichen Gefahrenabwehr unter Berücksichtigung des Verhältnismäßigkeitsgrundsatzes (II, 2 b aa).

Die Übertragung erfolgt im Wege eines Übertragungsabkommens (II, 2 b bb); an der Übertragung selbst sind auf der zivilen Seite der jeweilige Innenminister/Innensenator und auf der militärischen Seite der Bundesminister der Verteidigung bzw. die oberste Kommandobehörde der für die Schutzaufgaben vorgesehenen Einheiten beteiligt (II, 2 b cc).

Ein eigenmächtiges Vorgehen ist den Streitkräften verwehrt; ein Zusammenwirken zwischen Polizei- und Militärdienststellen bei der Durchführung einzelner Objektschutzmaßnahmen hat im Wege gemeinsamen Operierens auf der Grundlage einer Koordinierung in der Planung und Organisation, aber unter Aufrechterhaltung der bestehenden Befehls- und Unterstellungsverhältnisse zu erfolgen (II, 2 c).

Als Rechtsgrundlagen für die Einzelmaßnahmen sind die Vorschriften des UZwGBw. heranzuziehen; die zu schützenden Objekte sind nach § 2 Abs. II UZwGBw. zu militärischen Sicherheitsbereichen zu erklären (II, 2 d).

Das polizeimäßige Vorgehen der Streitkräfte erfordert eine Beschränkung der Aktionen; die Prinzipien der Erforderlichkeit und des geringsten Eingriffs bestimmen die Auswahl der Zwangsmittel. Die Anwendung von Flächenfeuerwaffen und Explosivmitteln ist nur in Ausnahmefällen erlaubt; im übrigen ist es der Angreifer selbst, der die Mittel zur Beseitigung der von seinem Verhalten ausgehenden Störung bestimmt (II, 2 e).

Der Schutz ziviler Objekte unter den Voraussetzungen des Art. 87 a Abs. IV GG erfaßt nicht nur verteidigungswichtige Anlagen, sondern

IV. Zusammenfassendes Ergebnis der Untersuchungen im 2. Abschnitt 79

auch solche, die für ausschließlich zivile Belange von Wichtigkeit sind; diese Objekte müssen aber für die Versorgung der Bevölkerung und/ oder das ordnungsgemäße Funktionieren der öffentlichen Gewalt unerläßlich sein (III, 2).

Die Rechtsgrundlagen dieser Schutzmaßnahmen sind, wie bei der Bekämpfung der im selben Zusammenhang geregelten Bekämpfung militärisch bewaffneter Aufständischer, die kriegsvölkerrechtlichen Grundsätze (III, 3).

Eine Beschränkung hinsichtlich der Aktionen oder eine Bindung an bestimmte Waffenarten besteht nicht; zu beachten ist jedoch das Verbot des Übermaßes (III, 4).

Der Einsatz nach polizeilichen Rechtsgrundlagen wie in Art. 87 a Abs. III Satz 2 GG obliegt den Territorialeinheiten; der zweckdienliche Gewalteinsatz nach den Regeln des Kriegsrechtes, wie in Art. 87 a Abs. III Satz 1 und Abs. IV GG, ist von den Einheiten des Feldheeres durchzuführen (II, 2 c/III, 3).

TEIL C

Der Einsatz im Katastrophennotstand

I. Vorbemerkung

Zwei Erscheinungsformen möglicher Störungen oder Gefährdungen der öffentlichen Sicherheit und Ordnung hat der Gesetzgeber bei der Ausgestaltung verfassungsrechtlicher Notstandsregelungen in seine Überlegungen einbezogen: die erste ist begründet durch Aufruhr und innere Unruhen; die zweite wird hervorgerufen durch eine Naturkatastrophe oder einen besonders schweren Unglücksfall. Beiden Notstandsregelungen ist gemeinsam, daß ihnen nur mit exzeptionellen Mitteln begegnet werden kann; hierin liegt letzten Endes auch der Grund eines möglichen militärischen Einschreitens.

Der im folgenden zu behandelnde Einsatz bezieht sich nun auf die zweite der hier aufgezeigten Notstandserscheinungsformen, nämlich der durch ein Naturereignis oder einen Unglücksfall entstandenen außergewöhnlichen Gefahr für die öffentliche Sicherheit und Ordnung (zur Unterscheidung der durch Störer hervorgerufenen Notstandslage soll hier der Begriff „Katastrophennotstand" gebraucht werden). Sedes materiae sind die in Anlehnung an die Amtshilfevorschriften in Art. 35 GG geregelten Abs. II und III, wobei in dem einen Absatz der regionale und im anderen der überregionale Gefahrenbereich ausgestaltet ist.

II. Die verfassungspolitische
Einordnung des Katastropheneinsatzes

1. Die hoheitliche Funktion des Eingreifens an Hand der Erfahrungen der Flutkatastrophe von Hamburg

Die nunmehr in Art. 35 Abs. II und III GG verfassungsmäßig abgesicherte militärische Katastrophenhilfe ist nicht ohne Kritik geblieben. So wird beispielsweise die Notwendigkeit einer derartigen Einsatzermächtigung mit der Begründung in Abrede gestellt, die Bundesrepublik liege nicht in einem für Naturkatastrophen besonders anfälligen Gebiet; zudem seien die einzelnen Länder nach allen Erfahrungen bisher stets imstande gewesen, mit den vorhandenen Hilfsmiteln den entsprechenden Ereignissen zu begegnen[1]. Weiterhin wird die Meinung

II. Die verfassungspolitische Einordnung des Katastropheneinsatzes

vertreten, daß bei solchen Unglücksfällen der rein technische, im übrigen aber nichthoheitliche und mithin auch wertneutrale Einsatz der Soldaten völlig ausreichend sei, um die Notstandssituationen zu meistern; weiterreichende Ermächtigungen, wie etwa die Wahrnehmung bestimmter Weisungsbefugnisse gegenüber Dritten seien dabei nicht erforderlich[2].

Diesen Ansichten kann indessen nicht gefolgt werden, hält man sich die Ereignisse des Februar 1962, wie sie sich in Hamburg abgespielt haben, vor Augen. Zunächst hatte die dortige Flutkatastrophe gezeigt, daß derartige Naturereignisse durchaus plötzlich und unerwartet in unserem mitteleuropäischen Raum auftreten können. Darüber hinaus aber war eine der zentralen Erfahrungen, die damals aus den notwendig gewordenen militärischen Hilfsaktionen gezogen wurden, daß der rein technische Einsatz von Soldaten und Gerät nicht ausreiche. Vielmehr sah sich der Hamburger Katastrophenstab sehr bald vor die Wahl gestellt, entweder die Soldaten mit hoheitlichen Befugnissen auszustatten und ihnen dadurch die Möglichkeit zur — notfalls zwangsweisen — Durchsetzung ihrer Rettungsmaßnahmen zu geben oder andernfalls das völlige Chaos in Kauf zu nehmen und die ohnehin schon bestehende akute Gefährdung von Menschenleben und Sachgütern noch weiter zu erhöhen. Die Entscheidung des damaligen Innensenators Helmut Schmidt für die erstere der Möglichkeiten und die nachfolgende Ausstattung der eingesetzten Einheiten mit Polizeibefugnissen erfolgte zu jenem Zeitpunkt zwar im rechtsfreien Raum und war für sich gesehen sogar verfassungswidrig (eine gesetzliche Ermächtigung bestand 1962 noch nicht); die Zweckmäßigkeit dieser Maßnahme konnte aber später von niemandem ernsthaft bestritten werden. So erhielten mehrere Kompanien die ausdrückliche Berechtigung, notfalls unmittelbaren Zwang auch gegen Zivilpersonen anzuwenden; von dieser Vollmacht mußte dann auch in umfangreichem Maße Gebrauch gemacht werden — nicht nur, um dringende Zwangsevakuierungen vorzunehmen, sondern auch, um Übergriffe und Plünderungen einer die Katastrophenlage ausnützenden Menge zu verhindern[3]. Zudem hat es sich bei den Rettungsaktionen gezeigt, daß eine wirksame Katastrophenhilfe nur möglich war, wo der Hilfseinsatz auch wirksam gegen störende

---

[1] So R. *Hoffmann*, in: Kritik der Notstandsgesetze, S. 113.

[2] So G. *Schnupp:* Die Polizei im Notstandsfall, Die Polizei 1967, S. 361 mit dem — in diesem Zusammenhang wohl etwas verfehlten — Hinweis auf die bisher problemlose zulässigen Einsätze zur Erntehilfe.

[3] Vgl. dazu Cl. *Arndt:* Die Polizei im Notstandsfall, Die Polizei 1968, S. 129 und *ders.:* Bundeswehr und Polizei im Notstand, DVBl. 1968, S. 729 unter Bezug auf den Bericht des vom Senat der Freien und Hansestadt Hamburg berufenen Sachverständigenausschusses zur Untersuchung des Ablaufs der Flutkatastrophe, Hamburg, 1962. Dazu auch die Rede von *Helmut Schmidt* in der 175. Sitzung des 5. Bundestages (16. 5. 1968), Prot. S. 9444.

Einwirkungen Dritter abgeschirmt werden konnte. Man kommt daher an Hand der Hamburger Ereignisse um die Feststellung nicht herum, daß es unumgänglich ist, die militärischen Einheiten bewaffnet zur Katastrophenbekämpfung ausrücken zu lassen[4]. Anders sind Rettungs- und sonstige Hilfsaktionen, die in einer von Schrecken, Panik und Chaos erfüllten Lage vorzunehmen sind, gar nicht möglich; jede andere Darstellung müßte zu einer nicht mehr an der Wirklichkeit orientierten Verharmlosung einer solchen Katastrophensituation führen.

2. Die rechtsdogmatische Stellung des Einsatzes im Gefüge des Grundgesetzes

Die Ausstattung der Streitkräfte mit hoheitlichen Befugnissen und deren Möglichkeit zur zwangsweisen Durchsetzung weist diesem Einsatz eindeutig eine politische Funktion zu, die nach ihrer verfassungsrechtlichen Dogmatik und nach ihrem Sinngehalt zumindest in der Nähe des rein innenpolitischen Notstandes i. S. d. Art. 87 a GG zu lokalisieren ist. Eine Entpolitisierung des Einsatzes — sollte dies der Verfassungsgeber überhaupt bezweckt haben — (so allerdings Cl. *Arndt* a. a. O., S. 729) ist durch die rein äußerliche Abtrennung vom innenpolitischen Notstand nicht erreicht worden[5]: Vielmehr verdeutlicht die Nennung des Art. 35 Abs. II und III in Art. 9 Abs. III Satz 3 GG, daß sich der Verfassungsgeber der hoheitlichen Funktion und politischen Dimension des Katastropheneinsatzes sehr wohl bewußt war[6]; anders wäre die Aufnahme des Katastrophennotstandes in die Schutzklausel des Art. 9 Abs. III Satz 2 GG nicht erklärbar. Die verfassungsmäßige Ausgestaltung des Katastropheneinsatzes im II. Abschnitt des Grundgesetzes bedeutet also mehr als nur die Absicherung einer Kompetenzverschiebung im Bund-Länder-Verhältnis. Die Einsatzermächtigung in Art. 35 II/III GG ist vielmehr eine der Ausnahmeregeln zu dem Verfassungsvorbehalt des Art. 87 a Abs. II GG; hierin ist die eigentliche Funktion dieser Bestimmung zu sehen.

---

[4] So auch die Meinung von *Schlegelberger* (schlesw.-host. Innenminister) in der 3. öff. Informationssitzung des Rechts- und des Innenausschusses vom 30. 11. 1967, Ausschuß-Prot. Nr. 59/75, S. 2 und H. *Ruhnau*, ebenda, S. 8 u. 10.

[5] Die vereinzelt geäußerte Ansicht, der Katastropheneinsatz sei völlig wertneutral, da er sich als Nothilfe darstelle und nichts anderes als die Wahrnehmung einer Rechtspflicht sei, die § 330 c StGB dem einzelnen auferlege (Umkehrschluß aus der Bestrafung der Nichthilfe; vertreten von V.-H. *Lohse*: Streik und Notstand, S. 104) kann unter dem Blickwinkel der notwendigerweise hoheitlichen Ausübung nicht aufrechterhalten werden; zudem setzt die Übertragung dieses Rechtsinstitutes auf die Streitkräfte den Art. 87 a Abs. II GG der Gefahr aus, unterlaufen zu werden (so G. *Dürig* in M.-D.-H. Art. 87 a RN 35 FN 6).

[6] So G. *Dürig* in M.-D.-H. Art. 87 a RN 35 FN 6.

III. Die Ausgestaltung des Katastropheneinsatzes im einzelnen

1. Der Einsatz im regionalen Katastrophennotstand (Art. 35 II)

Von den Möglichkeiten einer Naturkatastrophe oder eines besonders schweren Unglücksfalles sind, neben der bereits erwähnten Flutkatastrophe, weitere Erscheinungsformen, wie etwa Explosionen, Wald- oder Großbrände, Grubenunglücke sowie Seuchen und Epidemien vorstellbar, in deren Verlauf der Einsatz von Einheiten und Dienststellen der Bundeswehr nötig wird. Wann und in welchem Umfang die Streitkräfte diesen Einsatz zu bewerkstelligen haben wird Gegenstand der folgenden Untersuchung sein.

a) Das Anforderungsrecht des Landes

Das Gesetz gibt dem von einer Katastrophe befallenen Bundesland die Möglichkeit, Kräfte und Einrichtungen der Bundeswehr[7] — neben weiteren Polizei- und Vollzugskräften anderer Länder sowie des BGS — „anzufordern".

Das Anforderungsrecht entsteht, sobald die Naturkatastrophe oder der Unglücksfall ein Ausmaß angenommen hat, das dem betroffenen Land die Hilfe der Streitkräfte ratsam erscheinen läßt. Wann und an welchem Ort die Bundeswehr zum Hilfseinsatz herangezogen werden soll, steht im alleinigen Ermessen der Landesregierung; die Beseitigung der in einem regionalen Katastrophennotstand auftretenden Störungen liegt also grundsätzlich in der Kompetenz der Länder, die dafür die Unterstützung aller verfügbaren staatlichen Hilfsmittel verlangen können. Anders als etwa im innenpolitischen Notstand ist hier der Bundesregierung oder einem der obersten Bundesorgane der Weg verwehrt, von sich aus durch die Entsendung des Militärs helfend und ordnend einzugreifen.

Diese ausschließliche Ausübungskompetenz des Landes soll insofern eine Einschränkung erfahren, als jeder Truppenkommandeur, Einheitsführer oder Dienststellenleiter selbständig die erforderlichen Anordnungen erteilen kann, wenn bei plötzlich auftretenden Unglücksfällen die vorherige Anforderung der Bundeswehr zur Katastrophenhilfe durch die zuständigen Behörden der Landesverwaltung noch nicht erfolgt ist; die Katastropheneinsatzleitung der zivilen Behörden sind dann auf schnellstem Wege von dem militärischen Einsatzleiter zu informieren[8].

---
[7] Unter „Kräfte" sind alle Soldaten und Hilfsbediensteten, unter „Einrichtungen" alle sächlichen Mittel der Bundeswehr (Kraftfahrzeuge, Fernmeldeanlagen, Sendefrequenzen, Wasserfahrzeuge, Vorräte usw.) zu verstehen (in Anlehnung an *Cl. Arndt*: Bundeswehr und Polizei im Notstand, DVBl. 1968, S. 729).
[8] Ungenau *E. Widder* und *S. Bleck*: Bundeswehr und Polizei, in: Truppenpraxis 1969, S. 100: „die verantwortliche Gesamtleitung geht jedoch an den

Die noch offene Frage, ob das Anforderungsrecht für die übrigen landes- und bundeseigenen Kräfte (Polizeikräfte anderer Länder, Kräfte und Einrichtungen anderer Verwaltungen sowie Bundesgrenzschutz) einer ähnlichen Stufenfolge unterliegt wie etwa der Einsatz von Polizei, BGS und Militär im innenpolitischen Notstand (vgl. dazu Teil B, 1. Abschn. III, 2 und 3), wird man ablehnen müssen: eine strenge Subsidiarität in der Reihenfolge der nach Art. 35 Abs. II GG anzufordernden und einzusetzenden Hilfskräfte wird den Erfordernissen einer solchen Notstandssituation, in der schnellstmögliche und mit allen verfügbaren technischen Mitteln versehene Hilfe oberstes Gebot ist, nicht immer gerecht werden und ist somit nicht zwingend[9]. Welche der staatlichen Hilfskräfte ein Land anfordert und wann letzthin die Streitkräfte herangezogen werden sollen, entscheidet die Landesregierung jeweils nach der konkreten Gefahrensituation.

b) Die Pflicht zur Entsendung der Streitkräfte

Dem Recht, anzufordern, entspricht die Pflicht, die angeforderten Kräfte zur Verfügung zu stellen[10]. Das Bestehen einer solchen Verpflichtung ergibt sich zunächst daraus, daß eine Anforderung ohne Auslösen einer rechtlichen Wirkung bedeutungslos wäre und kaum einer Regelung im Grundgesetz bedurft hätte[11]. Mehr noch als aus dieser verfassungssystematischen Logik heraus läßt sich ein Rechtsanspruch des Landes aus der durch die Rechtsprechung des Bundesverfassungsgerichtes abgesicherten Pflicht zur Bundestreue herleiten[12]. Demnach ist der Bund im Rahmen aller ihm zur Verfügung stehenden staatlichen Mittel verpflichtet, dem gefährdeten Land die angeforderten Kräfte zur Hilfeleistung zu überlassen.

Diese Verpflichtung ist allerdings nicht unbedingt, sondern modifiziert unter dem Gesichtspunkt der Zumutbarkeit[13]. Danach kann eine angeforderte Unterstützung aus gewichtigen sachlichen Gründen, wie dringender Eigenbedarf, verweigert werden[14], oder wenn Gesichtspunkte

---

Katastropheneinsatzleiter der zuständigen Behörde über, sobald dieser zur Stelle ist oder Anordnungen trifft." Dazu und zur Gesamtleitung s. unten d).
[9] Dies wird selbst von den einem militärischen Einsatz im Innern grundsätzlich kritisch gegenüberstehenden Stimmen eingeräumt, vgl. R. Hoffmann, S. 114.
[10] E. Schunck: Notstandsrecht, S. 42.
[11] Th. Maunz in M.-D.-H. Art. 35 RN 14.
[12] Vgl. dazu BVerfGE 6, 309 (361): „Die Länder haben ebenso wie der Bund die verfassungsrechtliche Pflicht, dem Wesen des sie verbindenden verfassungsrechtlichen Bündnisses entsprechend zusammenzuwirken und zu seiner Festigung und zur Wahrung wohlverstandener Belange des Bundes und der Glieder beizutragen"; ähnlich in BVerfGE 1, 299 (315) und 3, 52 (57).
[13] O. Lenz: Notstandsverfassung des Grundgesetzes, S. 113.

III. Die Ausgestaltung des Katastropheneinsatzes im einzelnen

gleicher oder noch stärkerer Bedeutung einer Anforderung entgegenstehen[15]. So könnte etwa das Verlangen des Landes abgelehnt werden, wenn die Einheiten bei einer gerade vorherrschenden außenpolitischen Krisenlage dringende Bereitschaftsaufgaben zu erfüllen haben oder im Falle eines gleichzeitigen innenpolitischen Notstandes bereits zu Objektschutz- oder sonstigen Abwehrtätigkeiten eingesetzt sind. Ob im Einzelfall Teile der Streitkräfte abgestellt werden können, entscheidet der Bundesminister für Verteidigung[16].

Über den Umfang der abzustellenden Einheiten entscheiden je nach Ausmaß der Katastrophe die jeweilig örtlich zuständigen territorialen Kommandodienststellen, ggf. im Einvernehmen mit den zuständigen Truppenkommandeuren, Einheitsführern und Dienststellenleitern[17].

(Es besteht also bezüglich der Anforderung und Entsendung der Streitkräfte folgende Zuordnung: die Entscheidung über Ort und Zeit des Einsatzes liegt in der alleinigen Kompetenz des Landes; der BMinVtg. befindet darüber, ob in Ausnahmefällen der Einsatz nicht bewilligt werden kann — sonst Pflicht zur Entsendung; in welchem Umfang schließlich die Einheiten zum Einsatz kommen, bestimmt die angegangene militärische Behörde selbst.)

Bei Meinungsverschiedenheiten über die Pflicht, der Anforderung zu entsprechen, kann das Bundesverfassungsgericht gemäß Art. 93 Abs. I Nr. 3 GG angerufen werden. Da im Katastrophenfall eine unverzügliche Entscheidung ergehen muß, wird das Gericht auf jeden Fall vorab eine einstweilige Anordnung nach § 32 BVerfGG über die Notwendigkeit des Einsatzes treffen müssen.

c) Die rechtlichen Eingriffsgrundlagen der Hilfstätigkeit unter dem Aspekt des hoheitlichen Eingriffs

Ausgangspunkt der folgenden Überlegungen ist das Eingreifen der Streitkräfte „zur Hilfe". Soweit es dabei den rein technischen Einsatz betrifft, bestehen keine wesentlichen Schwierigkeiten: Die technischen Hilfsmaßnahmen haben nach Absprache mit den zuständigen Behörden des anfordernden Landes (Innenministerium, Regierungspräsidium, Landes- und Stadtkreise) und den Einheitsführern der militärischen

---

[14] BT-Drucks. V/2873, S. 10; ähnlich *R. Hoffmann*, S. 114 und *O. Lenz*, S. 113.
[15] *Th. Maunz* in M.-D.-H. Art. 35 RN 14.
[16] *O. Lenz*, S. 113: „... entscheidet das zuständige Organ des Bundes." Die Entscheidungsgewalt des BMinVtg. sollte hier ausreichen: eine vergleichbare Situation wie die des Art. 87 a IV GG, in der allein der BReg. die Einsatzbefugnis zuerkannt ist, liegt hier nicht vor: der Verantwortungsbereich eines Einsatzes gegen Aufständische ist wesentlich umfangreicher als der einer Katastrophenhilfe.
[17] *E. Widder* und *S. Bleck*, S. 100.

Kräfte stattzufinden[18]; die bestehenden Befehls- und Unterstellungsverhältnisse bleiben im übrigen unberührt[19].

Problematischer dagegen ist die mit dem technischen Einsatz verbundene Ausübung hoheitlicher Befugnisse: Nach richtiger Ansicht des Bundestag-Rechtsausschusses umfaßt das Merkmal „zur Hilfe" für den Soldaten der Bundeswehr auch die Wahrnehmung der im Rahmen eines solchen Einsatzes durchweg anfallenden Aufgaben polizeilicher Art, wie z. B. Absperren von gefährdeten Grundstücken oder Verkehrsregelungen[20]. Die Frage nach den eigentlichen Rechtsgrundlagen dieser polizeilichen Maßnahmen wird vom Rechtsausschuß ohne näheres Eingehen auf die Sache dahingehend beantwortet, daß die zur Verfügung gestellten Kräfte (hier: die Einheiten der Bundeswehr) den Rechtsnormen des im Einsatzland geltenden Landespolizeirechts unterstehen sollten[21]. Diese Ansicht bedarf dagegen einer eingehenden Korrektur:

Die Organe der Bundesexekutive haben bei Ausführung ihrer Tätigkeiten allenfalls landeseigene Vorschriften zu beachten, sind aber grundsätzlich nicht zum Vollzug von Landesrecht ermächtigt[22]. Das Tätigwerden der Streitkräfte kann also nur und ausschließlich auf der Grundlage einer bundespolizeirechtlichen Vorschrift erfolgen. Die dafür zur Verfügung stehenden Gesetze, nämlich das UZwG und das UZwGBw., genügen nicht den Anforderungen einer mit hoheitlichen Befugnissen ausgestatteten militärischen Katastrophenhilfe — deren Verkündungszeitpunkte (UZwG: 10. 3. 1961; UZwGBw: 12. 8. 1965) liegen weit vor dem Erlaß der grundgesetzändernden Notstandsvorschriften.

Das UZwG umfaßt wegen seiner abschließenden personellen Eingrenzung auf (Polizei-)Vollzugsbeamte des Bundes (§§ 1 und 6 UZwG) nicht den Einsatz militärischer Einheiten und Dienststellen; das UZwGBw. kann wegen seiner lokalen Beschränkung auf militärische Bereiche und Sicherheitsbereiche (§ 2 UZwGBw.) nicht ohne weiteres auf zivile Anlagen transponiert werden; der Gesetzgeber hat es bislang versäumt, eines dieser Gesetze durch eine entweder den personellen Umfang oder den lokalen Bereich erweiternde Vorschrift zu ergänzen und somit auf den von der Verfassung vorausgesetzten Stand zu bringen.

Zwar könnte die Einbeziehung der Streitkräfte in die Reihe der in § 6 UZwG aufgezählten Vollzugsbeamten unter dem Aspekt möglich sein, daß dem Militär im Einsatzfall nach Art. 35 Abs. II GG von der

---
[18] Vgl. *E. Widder* und *S. Bleck*, S. 100.
[19] Unstr., s. dazu *Cl. Arndt*, S. 730; *O. Lenz*, S. 114; *D. Keidel*, S. 119.
[20] s. schriftl. Bericht des BT-RA, BT-Drucks. V/2873, S. 10.
[21] Schriftl. Bericht des BT-RA, BT-Drucks. V/2873, S. 10; diese Lösung wird übernommen von *Th. Maunz* in M.-D.-H. Art. 35 RN 15 und *O. Lenz*, S. 114; andere Meinungen sind dazu bislang noch nicht vorhanden.
[22] BVerfGE 12, 205 (221); 21, 312 (327).

III. Die Ausgestaltung des Katastropheneinsatzes im einzelnen

Verfassung selbst polizeiliche Befugnisse verliehen sind und demzufolge im Wege einer „verfassungsbezogenen Normerweiterung" der Katalog des § 6 UZwG stillschweigend erweitert wird[23]; dem steht aber der Zweck des § 6 UZwG entgegen, den Kreis der Personen abschließend zu bestimmen[24]; die Beinhaltung des militärischen Status (der Katastrophendienst erfolgt zur Hilfe der Polizei, nicht „als" Polizei) bildet einen weiteren, m. E. unüberwindlichen Hinderungsgrund. Die Verfassung setzt hier zwar entsprechende Eingriffsgrundlagen voraus, schafft sie aber nicht neu.

Ähnliches gilt für das auf den militärischen Wach- und Sicherheitsdienst zugeschnittene UZwGBw. Der für den zivilen Objektschutz zur Unterstützung polizeilicher Maßnahmen vorgeschlagene Lösungsweg, nichtmilitärische Anlagen gemäß § 2 Abs. II UZwGBw. zu Sicherheitsbereichen zu erklären, ist deshalb nicht ohne weiteres zu übernehmen, weil das Gesetz dies nur zuläßt, wenn es „aus Gründen der militärischen Sicherheit zur Erfüllung dienstlicher Aufgaben ... unerläßlich ist" (§ 2 Abs. II Satz 2 UZwGBw.): lassen sich beim Einsatz nach Art. 87 a Abs. III Satz 2 GG i. d. R. Bezugspunkte zur militärischen Sicherheit herleiten, so werden beim Katastropheneinsatz militärische Interessen erst in zweiter Linie berührt, da es dann vorzugsweise um die Sicherheit der Zivilbevölkerung geht.

Dennoch soll hier versucht werden, eine Entscheidung zwischen UZwGBw als Eingriffsgrundlage zu treffen, da mögliche Katastropheneinsätze mit hoheitlicher Ausstattung nicht im rechtsfreien Raum erfolgen sollen. Ein kurzes Eingehen auf die Konzeption beider Gesetze zeigt, daß die wesentlichen Unterschiede in den äußeren Voraussetzungen liegen, die sich auf den jeweiligen Orts- und Personenkreis beziehen: dagegen bieten beide Gesetze in ihrer Ausgestaltung der einzelnen Eingriffsmöglichkeiten wenig Ansatzpunkte, um eine Abgrenzung unter den Modalitäten der Zwangsanwendung und deren verfassungsmäßigen Übereinstimmung mit den rechtsstaatlichen Prinzipien eines polizeigemäßen Eingriffs treffen zu können.

Eine Gegenüberstellung der einzelnen Vorschriften von UZwG und UZwGBw. läßt erkennen, daß in beiden Gesetzen die allgemeinen Grundsätze des Polizeirechts (Erforderlichkeit, Geeignetheit, Verhältnismäßigkeit der Mittel etc.) in z. T. wörtlichen Übereinstimmungen (z. B. § 12 UZwG — § 16 UZwGBw.; § 14 UZwG — § 18 UZwGBw.) kodifiziert sind. Bedeutsamere Unterschiede oder Ergänzungen (z. B. die Ausgestaltung der Androhung für den Schußwaffengebrauch in § 17

---

[23] So G. *Dürig* in M.-D.-H. Art. 87 a RN 55 für den vergleichbaren Fall des innenpolitischen Notstandes.
[24] H. H. *Pioch:* Gesetz über den unmittelbaren Zwang, S. 94.

Abs. II UZwGBw — eine entsprechende Ausgestaltung fehlt im UZwG, vgl. § 13 Abs. I und II UZwG) sind allenfalls durch die dogmatisch konsequentere Durchführung gewisser Erkenntnisse im UZwGBw. bedingt[25], in den grundsätzlichen Eingriffskriterien bestehen jedoch keinerlei Unterschiede; vom materiellen Gehalt bieten sie sich gleichermaßen als Rechtsgrundlage eines militärischen Hilfseinsatzes unter Polizeigrundsätzen an.

Wenn hier die Entscheidung letzten Endes zugunsten des UZwGBw ausfallen soll, dann nur deshalb, weil der Gesetzgeber mit diesen Vorschriften bereits ein Instrumentarium geschaffen hat, das die Eingriffsermächtigungen und Rechtsgrundlagen für die Art und Weise der Zwangsanwendungen in einem umfassenden System wirksamer hoheitlicher Zwangsmaßnahmen ausschließlich und speziell für die Bundeswehr regelt, während das UZwG nur Vollzugshandlungen von Bundes-(Polizei-)Beamten im Auge hat und wegen seines abschließenden Personenkataloges keiner erweiternden Auslegung fähig ist[26].

Zur Überwindung der mehr formellen Schranke einer lokalen Begrenzung auf militärische Bereiche und Sicherheitsbereiche im UZwGBw kann nur der Weg über eine analoge Anwendung auf die im Katastrophennotstand gefährdeten Anlagen gewählt werden, bis sich der Gesetzgeber entschließt, durch entsprechende Vorschriften das UZwGBw auf den von der Verfassung vorausgesetzten Stand zu bringen.

d) Die Ausgestaltung des hoheitlichen Hilfseinsatzes

Die einzelnen mit polizei-hoheitlichen Befugnissen ausgestatteten Hilfstätigkeiten haben sich unstreitig an den Geboten der Erforderlichkeit und Verhältnismäßigkeit der Zwangs- und Eingriffsmittel zu orientieren. Diese Eingriffskriterien liegen ohnehin den Vorschriften des UZwGBw. zugrunde; die mancherorts erhobene Forderung nach einer ausdrücklichen Beschränkung auf die Waffen und die Waffengebrauchsbestimmungen der Polizei[27] ist insofern gegenstandslos, weil das UZwGBw im Rahmen seiner materiell-rechtlichen Polizeiausgestaltung[28] den Gebrauch genau derjenigen Waffen vorsieht, die nach dem UZwG auch den Polizeibeamten zur Verfügung gestellt sind.

Ein Vergleich mit der ebenfalls an den Vorschriften des UZwGBw. zu messenden objektschützenden Tätigkeit nach Art. 87 a Abs. III Satz 2

---

[25] So E. Jess und S. Mann: UZwGBw., S. 66.
[26] Dazu H.-H. Pioch, S. 94.
[27] So erhoben von Cl. Arndt: Die Polizei im Notstandsfall, Die Polizei 1968, S. 129 und R. Hoffmann, S. 115.
[28] Zum polizeirechtlichen Charakter des UZwGBw. vgl. Hinweise in Teil B, 2. Abschn., II 2 d, S. 77.

III. Die Ausgestaltung des Katastropheneinsatzes im einzelnen

GG (s. Ausführungen S. 75 ff.) zeigt, daß sich der Einsatz im Katastrophennotstand bei aller Vorausschau in weniger extensiven Bahnen bewegen wird — die Intensität der Übergriffe einer die plötzliche Katastrophen- oder Unglückslage ausnützenden Menge wird vermutlich um einiges geringer anzusetzen sein als beispielsweise die Störmaßnahmen nichtkombattanter Angreifer im Spannungs- oder Verteidigungsfall; die im UZwGBw vorgesehenen Zwangs- und Einsatzmittel (z. B. Explosivmittel) brauchen wohl aller Wahrscheinlichkeit nach im Einsatzfall des Art. 35 Abs. II GG nicht voll in Anspruch genommen zu werden. Dennoch gilt hier wie dort gleichermaßen der Satz, daß der Störer selbst die Mittel zur Beseitigung der von ihm ausgehenden Beeinträchtigung diktiert[29].

Die abschließende Frage nach den im Einsatzfall vorherrschenden Befehls- und Unterstellungsverhältnissen ist im wesentlichen ausgestanden. Das Weisungsrecht bestehender Unterstellungssysteme bleibt unberührt; andererseits zeigt die im Gesetz gewählte Formulierung „zur Hilfe", daß sich die Verwendung des Militärs den Zielen der für die Gefahrenabwehr zuständigen Landesbehörden anzupassen hat; es ist also ein einvernehmliches Zusammenwirken zwischen den zuständigen Stellen des anfordernden Landes und den militärischen Führungskräften erforderlich[30]; die Streitkräfte sind bei ihrem Einsatz auf Zusammenarbeit mit den zivilen Behörden angewiesen[31].

2. Der Einsatz im überregionalen Katastrophennotstand (Art. 35 III)

a) Wesen und Erscheinungsformen eines überregionalen Notstandes

Das Eingreifen der Streitkräfte im überregionalen Notstand ist für den Fall vorgesehen, daß Naturkatastrophen oder Unglücksfälle das Gebiet mehrerer Länder gefährden. Hier kommen vor allem Überschwemmungen oder Erdbeben in Betracht, oder schwere Krankheiten, die sich seuchenartig über Ländergrenzen hinweg ausbreiten. Die praktische Bedeutung dieser Eingriffsmöglichkeit dürfte gering sein; derartige Ereignisse sind für den mitteleuropäischen Raum nur schwer vorstellbar. Dennoch dürfen Situationen nicht ausgeschlossen werden, in denen,

---
[29] So *G. Dürig* in M.-D.-H. Art. 87 a RN 56; s. dazu auch S. 69 ff.
[30] BT-Drucks. V/2873, S. 10; übernommen von *D. Keidel*, S. 127 und *O. Lenz*, S. 114; a. A. *E. Widder* und *S. Bleck*, S. 100 und *Cl. Arndt*: Bundeswehr und Polizei im Notstand, DVBl. 1968, S. 729 f., der den anfordernden Landesbehörden ein Weisungsrecht gegenüber den Streitkräften zubilligt: die Beibehaltung des militärischen Unterstellungsverhältnisses (das *Cl. Arndt* im übrigen auch nicht in Abrede stellt) läßt dies sicherlich nicht zu.
[31] Zu dieser, allerdings nur für den militärischen Bereich vorgesehenen „Anweisung auf Zusammenarbeit" vgl. ZDV 1/50 („Militärische Gliederungsformen, Unterstellungsverhältnisse, Befehle und Richtlinien"), Nr. 30.

etwa durch kosmische Einwirkungen auf die atmosphärischen Bedingungen, grundlegende Veränderungen in der Umwelt hervorgerufen werden oder bislang unbekannte Krankheitserreger auftreten, die zu den o. a. Katastrophen führen können.

Grundsätzlich können diese Ereignisse gleicher Natur sein wie die in Art. 35 Abs. II GG vorausgesetzten Unglücksfälle; ihr Unterschied liegt in der überregionalen Ausbreitung, die dann eine Intensivierung der Gefahr mit sich bringen wird. Zudem werden organisatorische Schwierigkeiten, wie z. B. die Koordination der Hilfs- und Rettungsmaßnahmen zwischen den Ländern, etwa bei gestörter oder unterbrochener Nachrichtenverbindung, weitere Probleme schaffen.

Denkbar ist auch, daß eine regionale Katastrophe sich im Laufe der Zeit in einen überregionalen Notstand ausweitet.

b) Die Einsatzbefugnis der Bundesregierung

Anders als beim regionalen Notstand sind im Einsatzfall des Art. 35 Abs. III GG dem Bund umfangreiche Eingriffsbefugnisse zugestanden. Das größere Ausmaß der Katastrophe berechtigt die Bundesregierung zum eigenen unmittelbaren Eingreifen in das Land/die Länder; die Streitkräfte können, obwohl nicht ausdrücklich im Gesetzeswortlaut festgehalten, auch gegen den Willen des betroffenen Landes eingesetzt werden[32]; dem Land bleibt in dieser Situation nur die Möglichkeit, das Bundesverfassungsgericht gemäß Art. 93 Abs. I Nr. 3 GG anzurufen und eine einstweilige Anordnung nach § 32 BVerfGG zu erwirken.

Die Entscheidung des militärischen Eingreifens liegt bei der Bundesregierung als Kollegium, die Befehls- und Kommandogewalt des Bundesministers für Verteidigung reicht hierzu nicht aus (vgl. dazu Art. 62 GG); dieser Regelung mag die Auffassung zugrunde gelegen haben, daß die verantwortungsvolle und problematische Entscheidung eines militärischen Eingreifens im Innern grundsätzlich nicht einem einzelnen Kabinettsmitglied aufgebürdet werden soll.

Die Entscheidung über das „ob" des militärischen Eingreifens unterliegt gewissen Schranken: die Formulierung „soweit es zur wirksamen Bekämpfung erforderlich ist" statuiert eine Subsidiarität gegenüber den übrigen in Art. 35 Abs. III GG vorgesehenen Maßnahmen[33]. Ehe die Streitkräfte eingesetzt werden, muß die Bundesregierung zuvor

— den jeweiligen Landesregierungen die Weisung erteilen, ihre Polizeikräfte zur Verfügung zu stellen,

---

[32] *Th. Maunz* in M.-D.-H. Art. 35 RN 18.
[33] Ähnlich *O. Lenz*, S. 115; *R. Hoffmann*, S. 93.

— bei diesbezüglicher Weigerung eines Landes: Bundeszwang gemäß Art. 37 GG anwenden[34] (obwohl diese Maßnahme nicht in Art. 35 Abs. III GG aufgeführt ist, muß bei konsequenter Beachtung des Grundsatzes der Subsidiarität und der damit verbundenen Forderung nach einer Ausschöpfung sämtlicher der BReg. zur Verfügung stehenden Mittel der Bundeszwang dem militärischen Einsatz vorgeschaltet werden),

— den Bundesgrenzschutz einsetzen.

Der Einsatz selbst vollzielt sich — wie im regionalen Katastrophenfall auch — nach polizeirechtlichen Grundsätzen unter Beachtung bestehender Unterstellungsverhältnisse nach Maßgabe der Vorschriften des UZwGBw (dazu III 1 c/d); die Worte „zur Unterstützung" im Abs. III entsprechen den Worten „zur Hilfe" in Abs. II[35].

Nach Art. 35 Abs. III Satz 2, 2. Halbsatz ist der Einsatz unverzüglich nach Beseitigung der Gefahr einzustellen. Wenn dies der Fall ist, wird man der Entscheidung der Bundesregierung überlassen müssen[36]; die Verantwortung über das „Ob" des Einsatzes umfaßt sachgebunden auch die Entscheidung über die zeitliche Dauer. Daneben hat nach Satz 2 der Bundesrat das Recht, den Rückzug des Militärs von den betroffenen Gebieten zu fordern; dieses Recht steht dem Bundesrat selbst dann zu, wenn der militärische Einsatz zur wirksamen Bekämpfung des Notstandes auch weiterhin erforderlich sein sollte[37]. Ein Kassationsrecht ist dem Bundesrat indessen nicht zugestanden: Den Befehl zum Abzug der Truppen kann nur die Bundesregierung erteilen; über Streitigkeiten darüber entscheidet das Bundesverfassungsgericht nach Art. 93 Abs. I Nr. 1 GG (s. dazu auch Ausführungen im Teil B, 1. Abschnitt, IV, 1).

IV. Verbot des Einsatzes entgegen der Schutzklausel des Art. 9 Abs. III Satz 3 GG

Mit Art. 9 Abs. III Satz 3 wurde eine Vorschrift in das Grundgesetz aufgenommen, die einen Einsatz der Streitkräfte verbietet, der sich „gegen Arbeitskämpfe richtet, die zur Wahrung und Förderung der Arbeits- und Wirtschaftsbedingungen ... geführt werden". Diese Sicherungsklausel soll das sich aus der Koalitionsfreiheit ergebende Streikrecht und ggf. das Recht zur Aussperrung auch im Falle eines inneren Notstandes unangetastet lassen.

---

[34] E. *Schunck:* Notstandsrecht, S. 43.
[35] *Th. Maunz* in M.-D.-H. Art. 35 RN 18.
[36] *Th. Maunz* in M.-D.-H. Art. 35 RN 18.
[37] Ähnlich O. *Lenz,* S. 116.

Mag der Satz 3 des Art. 9 Abs. III GG auch auf den ersten Blick ein unverzichtbarer Beitrag zum verfassungsmäßig abgesicherten Recht des Arbeitskampfes sein, so ist doch die praktische Bedeutung dieser Vorschrift gering[38]: Unter Beachtung sämtlicher verfassungsmäßig festgelegten Einsatzvoraussetzungen erscheint es nicht möglich, daß ein im Rahmen des Art. 9 Abs. III GG verlaufender Streik jemals die Interventionsschwelle des Art. 35 Abs. II u. III (und des ebenfalls mit einbezogenen Art. 87 a Abs. IV GG) überschreiten kann, ohne daß zugleich der Streik den Charakter eines Arbeitskampfes verlieren und in illegale Gewaltanwendung umschlagen würde[39]. Da die der Koalitionsfreiheit immanenten Arbeitskämpfe auch den verfassungsunmittelbaren Vorbehaltsschranken des Art. 9 Abs. II GG unterliegen, geht der verfassungsrechtliche Schutz eines Arbeitskampfes nur soweit, wie er nicht die Grenzen des Art. 9 Abs. II GG überschreitet. Richtet sich ein Arbeitskampf jedoch gegen die verfassungsmäßige Ordnung oder verstößt er in eklatanter Weise gegen die Strafgesetze, so kommt ihm die Streikschutzklausel des Art. 9 Abs. III Satz 3 nicht mehr zugute. Außerdem setzt die Schutzklausel voraus, daß es sich um Arbeitskämpfe zur Wahrung und Förderung der Arbeits- und Wirtschaftsbedingungen (nicht zu anderen Zwecken!) handelt, die von arbeitsrechtlichen Koalitionen geführt werden. Demgegenüber ist im Staatsnotstand ein Vorgehen der Streitkräfte nur gegen solche Akteure möglich, die die Strafgesetze und die verfassungsmäßige Ordnung massiv brechen und verletzen: nach den o. a. Gründen kann es sich hierbei nicht mehr um einen Arbeitskampf i. S. d. Art. 9 GG handeln. Die Streikschutzklausel spricht somit nur das aus, was unter den Voraussetzungen der einzelnen Einsatzvorschriften i. V. m. Art. 9 Abs. II bzw. Abs. III Satz 1 - 3 GG bereits klargestellt ist.

V. Zusammenfassendes Ergebnis der Untersuchungen im Teil C

(Die Ziffern in den Klammern verweisen
auf die einzelnen Unterabschnitte)

Der für den regionalen — Art. 35 Abs. II GG — und den überregionalen — Art. 35 Abs. III GG — Katastrophennotstand vorgesehene Hilfseinsatz der Streitkräfte ist nach den Erfahrungen früherer Katastrophenfälle mit hoheitlichen Befugnissen ausgestattet (I/II, 1);

---

[38] R. *Ver*: Requiem auf einen Rechtsstaat, S. 34/35 spricht, allerdings in anderem Zusammenhang, von einer „Scheingarantie" der Streikschutzklausel, die sich lediglich in „optischen Beschwichtigungseffekt gegenüber den Gewerkschaften" erschöpfe.
[39] So im Ergebnis auch K. *Ipsen* in BK Art. 87 a RN 187; v. *Mangoldt-Klein* Art. 87 a Anm. II, 7; mit Einschränkung G. *Dürig* in M.-D.-H. Art. 87 a RN 114.

V. Zusammenfassendes Ergebnis der Untersuchungen im Teil C

hier zeigt sich die rechtsdogmatische und inhaltliche Verwandtschaft zur Eingriffsbefugnis im innenpolitischen Notstand (II, 2).

Im regionalen Katastrophennotstand ist es der Bundesregierung verwehrt, von sich aus die Streitkräfte zu entsenden; das Anforderungsrecht liegt allein bei den Ländern (III, 1 a). Die Bundesregierung ist verpflichtet, die angeforderten militärischen Kräfte abzustellen, es sei denn, Gesichtspunkte gleicher oder stärkerer Bedeutung stehen einer Anforderung entgegen. Den Umfang der zu entsendenden Streitkräfte bestimmen die militärischen Dienststellen selbst (III, 1 b). Die Einzelmaßnahmen des militärischen Tätigwerdens richten sich nach den Vorschriften des UZwGBw, dessen lokale Begrenzung in analoger Anwendung auf die vom Katastrophennotstand betroffenen Gebiete zu erweitern ist (III, 1 c). Die bestehenden Unterstellungsverhältnisse bleiben im übrigen unberührt (III, 1 d).

Der überregionale Katastrophennotstand erfordert wegen seiner erhöhten Gefahrenlage weitreichendere Befugnisse des Bundes (III, 2 a/b). Die Bundesregierung kann nach eigener Entscheidung die Streitkräfte auch gegen den Willen des betroffenen Landes zum Einsatz bringen; dieser Einsatz ist aber den übrigen in Art. 35 Abs. III GG vorgesehenen Eingriffsmöglichkeiten des Bundes subsidiär (einschließlich des nicht in Abs. III erwähnten Bundeszwanges nach Art. 37 GG). Dem Einsatzverlangen des Bundesrates ist unverzüglich Folge zu leisten; den Befehl dazu kann nur die Bundesregierung erteilen (III, 2 b).

ANHANG

Die innerstaatlichen Eingriffsbefugnisse des Militärs im Ausland

I. Die Regelung in den Staaten des NATO-Bündnisses

1. Belgien

Die Verfassung vom 7. 2. 1831 enthält keine Bestimmung über den Ausnahmezustand; jedoch erging am 4. 8. 1914 ein Gesetz, durch das dem König für die Kriegsdauer weitgehende Befugnisse zugestanden werden: Im Kriegsfall und im Belagerungszustand konzentriert sich nicht nur die Polizeigewalt, die gewöhnlich bei den Zentralbehörden oder den nachgeordneten Behörden liegt, in seiner Hand — er kann als Chef der Exekutive auch die „öffentliche Macht" (diese besteht nach Art. 118 ff. der Belgischen Verfassung aus der Armee, der Gendamerie und ggf. einer Bürgerwehr) zur Erhaltung der öffentlichen Sicherheit und Ordnung einsetzen. Ob eine Situation vorliegt, die den Einsatz der öffentlichen Macht erforderlich erscheinen läßt, wird jedoch ausschließlich von zivilen Behörden auf Grund schriftlicher Anforderung entschieden[1].

2. Niederlande

Die gesetzliche Regelung eines Notstandes ist in Art. 202 und in Art. 203 des Grundgesetzes des Königreiches der Niederlande (vom 24. 8. 1815; zuletzt geändert am 17. 12. 1963) niedergelegt: „Zur Aufrechterhaltung der äußeren und inneren Sicherheit kann durch den König oder im Auftrag des Königs über jeden Teil des Reichsgebietes der Kriegs- oder Belagerungszustand verhängt werden" (Art. 202 Abs. I). „Zugleich kann bestimmt werden, daß die verfassungsmäßigen Befugnisse ... der Polizei ganz oder teilweise auf die Militärbehörden übergehen" (Art. 202 Abs. II[2]). Zugleich ermächtigt Art. 202 Abs. I Satz 2 den Gesetzgeber, in weiteren Gesetzen die Art und die Folgen eines Kriegs- oder Belagerungszustandes näher zu regeln. Als Ausführungsgesetz ist dazu das Kriegsgesetz von 1891 ergangen, wonach im Belagerungszustand den Militärbefehlshabern die Befugnis eingeräumt wird, sich im

---

[1] Bundesminister des Innern (Hrsg.): Das Gesetz für die Stunde der Not, S. 83; unrichtig insoweit *K. Ipsen* in BK Art. 87 a, Rechtsvergleichende Hinweise, 2, der lediglich die umfassenden polizeilichen Einsatzbefugnisse des Königs erwähnt, die militärischen Einsatzmöglichkeiten der Exekutive jedoch übersieht (s. dazu auch BT-Drucks. V/1879, S. 9).

[2] Zit.: P.-C. Mayer-Tasch: Die Verfassungen Europas, S. 328.

I. Die Regelung in den Staaten des NATO-Bündnisses 95

Wege des militärischen Einsatzes in bestimmtem Umfang über grundgesetzlich verankerte Rechte, wie Vereins- und Versammlungsrecht, Freiheit der Person, Unverletzlichkeit der Wohnung u. a. hinwegzusetzen[3]; weitere Vorschriften über den Einsatz von Militärkräften zur Abwehr von inneren Gefahren, namentlich über die Art und Weise möglicher Aktionen, finden sich im niederländischen Recht nicht[4]; die Befugnis zur Übernahme der Polizeigewalt durch das Militär läßt jedoch darauf schließen, daß die Streitkräfte bei inneren Einsätzen an die polizeilichen Grundsätzen der Verhältnismäßigkeit und des geringsten Eingriffs gebunden sein sollen.

3. Dänemark

Das Einschreiten der „bewaffneten Macht" ist schon bei Volksaufläufen möglich, auch wenn noch kein tätlicher Angriff aus der Menge heraus stattgefunden hat: „Bei Volksaufläufen darf die bewaffnete Macht (= das Militär; der Verf.) wenn sie nicht angegriffen wird, erst einschreiten, nachdem die Menge dreimal im Namen von König und Gesetz vergebens zum Auseinandergehen aufgefordert worden ist" (Art. 80 der Verfassung des Königreiches Dänemark vom 5. 6. 1953[5]). Daraus folgt, daß die Streitkräfte bei größeren Unruhen umso mehr zum Einschreiten berechtigt sind; weitere Einsatzvorschriften existieren neben Art. 80 nicht.

4. Frankreich

„Die unter diesen Umständen notwendigen Maßnahmen" kann der Präsident der Republik für den Fall ergreifen, „wenn die Einrichtungen der Republik ... schwer und unmittelbar bedroht sind" (Art. 16 Abs. I der Verfassung vom 28. 9. 1958 i. d. F. vom 31. 12. 1964[6]). In Verbindung mit dem in seiner Person vereinigten Amt eines Oberbefehlshabers der Streitkräfte (Art. 15 der Verfassung) kann der Präsident in Notstandslagen das Militär zur Behebung von inneren Störungen einsetzen; irgendwelche verfassungsmäßigen Beschränkungen über Art und Dauer des Einsatzes sind nicht vorhanden.

5. Großbritannien

Das Fehlen ausdrücklicher Verfassungsnormen über eine Notstandsregelung (Großbritannien hat keine geschriebene Verfassung) läßt die Einsatzbefugnisse des Militärs im Innern unübersichtlich erscheinen. Die rechtlichen Grundlagen dieser Befugnisse werden teilweise den königlichen Prärogativrechten zugeordnet, teilweise werden sie als ein

---
[3] BMinI a.a.O., S. 83.
[4] s. BT-Drucks. V/1879, S. 9.
[5] Zit.: P.-C. Mayer-Tasch, S. 35.
[6] P.-C. Mayer-Tasch, S. 110.

Anwendungsfall des allgemeinen Notwehr- und Notstandsrechtes in dieser Beziehung abgelehnt[7]. Dennoch vertritt die britische verfassungsrechtliche Theorie übereinstimmend die Auffassung, daß die Regierung berechtigt sei, die notwendigen Maßnahmen zur Sicherung und Wiederherstellung der öffentlichen Ordnung zu treffen[8]. Dazu hat die englische Rechtsprechung einige Grundsätze entwickelt, in denen festgehalten wird, daß als ultima ratio zur Aufrechterhaltung der staatlichen Ordnung der Einsatz militärischer Kräfte als notwendige Maßnahme rechtmäßig ist[9].

6. Vereinigte Staaten von Nordamerika

Der Präsident der Vereinigten Staaten ist berechtigt, bei der Durchsetzung der Bundesgesetze gegen gewaltsamen Widerstand nach eigenem Ermessen Truppen — hier: die Streitkräfte des Bundes und die militärischen Verbände der Nationalen Garde der Einzelstaaten — dann einzusetzen, wenn die zivilen Behörden nicht mehr Herr der Lage werden; das gleiche gilt, wenn es sich darum handelt, die Einzelstaaten bei der Unterdrückung von Rebellion oder Verhinderung von Invasion zu unterstützen[10]. Dieses Recht der Präsidenten als „Commander in Chief" wird abgeleitet aus seiner verfassungsmäßigen Pflicht, die Durchführung der Gesetze zu überwachen und aus der Pflicht der Union, die Einzelstaaten nicht nur gegen äußeren Feind, sondern auch gegen innere Verletzungen zu schützen[11]. Selbst bei Streiks können u. U. Truppen eingesetzt werden — zumindest hat der Oberste Gerichtshof den Einsatz von Truppen im Eisenbahnerstreik des Jahres 1894 gebilligt.

7. Zusammenfassende Betrachtung

Die hier aufgezeigten militärischen Eingriffsbefugnisse einiger im Nordatlantischen Bündnis zusammengeschlossener Staaten zeigen die Möglichkeiten der jeweiligen Regierungen, die erforderlichen Maßnahmen zur Beseitigung der verfassungswidrigen Situation zu treffen.

Ausnahmslos sind die militärischen Kräfte selbst zur Behebung von extremen Verfassungsstörungen ermächtigt; man hat auf eine Militarisierung der Polizei verzichtet und läßt dafür, wenn es notwendig wird, die Streitkräfte mit der entsprechenden Konsequenz des militärischen Vorgehens zur Behebung der Notstandssituationen eingreifen (Beispiel aus der neuesten Geschichte: das Vorgehen britischer Truppen in

---

[7] *G. Jaenicke:* Das Staatsnotrecht in Großbritannien, in: Staatsnotrecht (Beiträge zum ausländischen öffentlichen Recht und Völkerrecht, Heft 31; Hrsg.: Max-Planck-Institut für ausländisches und öffentliches Recht), S. 73.
[8] Ebenda.
[9] BMinI a.a.O., S. 81.
[10] *K. Doehring:* Das Staatsnotrecht in den Vereinigten Staaten, in: Staatsnotrecht, S. 231/245.
[11] *K. Doehring,* S. 232.

Nordirland gegen die Irisch-Republikanische Volksarmee in den Jahren 1972/1973). Auffallend ist, daß die Verfassungsbestimmungen der einzelnen Länder durchweg nicht so ins Detail gehen, wie es der Verfassungsgeber für das deutsche Recht zur möglichst genauen Umgrenzung des militärischen Einsatzes im Innern für angemessen gehalten hat. Teilweise gründet sich das ausländische Notstandsrecht in den westlichen Ländern überhaupt nicht auf geschriebenes Verfassungsrecht; eine ergänzende oder erweiternde Auslegung der einzelnen Befugnisse ist in diesen Ländern mithin in einem unvergleichlich größeren Umfange möglich als etwa bei den vom Grundgesetz der Bundesexekutive eingeräumten militärischen Einsatzbefugnissen; auch ist ein möglicher Machtmißbrauch durch das Militär als gewichtigster Faktor der Exekutive im westlichen Ausland weniger abgesichert als in der Verfassung der Bundesrepublik.

II. Die Regelung im neutralen Ausland

1. Schweiz

Umfassende Bestimmungen des militärischen Eingreifens im Innern sind in Art. 16 und in Art. 102 Nr. 11 der Bundesverfassung der Schweizerischen Eidgenossenschaft geregelt. Danach kann „bei gestörter Ordnung im Innern ..." der Bundesrat „... die erforderlichen Maßnahmen treffen ..." (Art. 16), d. h. er ist befugt, „... die erforderliche Truppenzahl aufzubieten und über solche zu verfügen, unter Vorbehalt unverzüglicher Einberufung der Bundesversammlung, sofern die aufgebotenen Truppen zweitausend Mann übersteigen oder das Aufgebot länger als drei Wochen dauert" (Art. 102 Nr. 11[12]). Rechtsbestimmungen die den Einsatz des Militärs ausdrücklich auf den Fall beschränken, daß zur Aufrechterhaltung der inneren Ordnung Polizeikräfte nicht ausreichen, bestehen nicht[13].

2. Österreich

Ähnlich detaillierte Bestimmungen finden sich in der Verfassung der Bundesrepublik Österreich; in Art. 79/80/81 sind sämtliche Befugnisse und organisatorischen Ausgestaltungen des Bundesheeres aufgeführt. Außer der Sicherung der Grenzen nach außen (Art. 79 Abs. I) ist „... das Bundesheer ... zum Schutz der verfassungsmäßigen Einrichtungen sowie zur Aufrechterhaltung der Ordnung und Sicherheit im Innern überhaupt und zur Hilfeleistung bei Elementarereignissen und Unglücksfällen außergewöhnlichen Umfangs bestimmt" (Art. 79 Abs. III[14]).

---

[12] Zit.: P.-C. Mayer-Tasch, S. 524.
[13] s. BT-Drucks. V/1879, S. 10.
[14] Zit.: P.-C. Mayer-Tasch, S. 380.

Selbst ein eigenständiges militärisches Eingreifen, also ohne Anweisung von Regierung oder Parlament ist gemäß Art. 79 Abs. IV für den Fall vorgesehen, wenn „... die zuständigen Behörden durch höhere Gewalt außerstande gesetzt sind, das militärische Einschreiten herbeizuführen, und bei weiterem Zuwarten ein nicht wieder gutzumachender Schaden für die Allgemeinheit eintreten würde"[15].

3. Schweden

Nach dem „Gesetz über die Einführung des Gesetzes über Änderungen des Strafgesetzbuches und dergleichen vom 30. Juni 1948" hat der König im Falle eines inneren Notstandes das Recht, Streitkräfte einzusetzen, wenn er es zur Aufrechterhaltung der öffentlichen Ordnung und Sicherheit erforderlich hält[16]. Dem König sind damit für den Notstandsfall nahezu unbeschränkte Machtbefugnisse eingeräumt; daneben hat Schweden für den Fall innerer Unruhen eine umfangreiche zivile und militärische Planung entwickelt, deren entsprechenden Bestimmungen in besonderen Gesetzen niedergelegt sind[17].

4. Zusammenfassende Betrachtung

Erstaunlich sind die umfassenden Einsatzbefugnisse, die z. T. über das hinausgehen, was den übrigen westlichen Ländern an militärischem Eingreifen im Innern zugestanden ist. Die Weite dieser Befugnisse wird dann verständlich, wenn man die dem Militär von den jeweiligen Verfassungen zugewiesenen Aufgabenbereiche einander gegenüberstellt: anders als in den sonstigen westlichen Ländern sind die Sicherung der Grenzen nach außen und die Wahrung bzw. Wiederherstellung des inneren Friedens gleichermaßen den militärischen Kräften zugewiesen; so schreibt Art. 195 der Militärorganisation der Schweizerischen Eidgenossenschaft ausdrücklich vor, daß das Heer zur Behauptung der Unabhängigkeit des Vaterlandes gegen außen *und* zur Handhabung von Ruhe und Ordnung im Innern bestimmt ist (Unterstreichung vom Verf.)[18]; die bei uns übliche strikte Trennung:

Verteidigung nach außen — Streitkräfte
Sicherung nach innen — Polizei

wird dort nicht durchgeführt. Bemerkenswert ist in diesem Zusammenhang, daß in der traditionellen Neutralität Schwedens und der Schweiz — Österreich wird zukünftig denselben Beweis liefern — die Notstands-

---

[15] Zit.: P.-C. Mayer-Tasch, S. 380.
[16] Zit.: BT-Drucks. IV/3494, S. 35; die Schwedische Verfassung selbst regelt in den §§ 50 und 73 die weiteren Notstandsbefugnisse der Exekutive.
[17] BT-Drucks. IV/3494, ebenda.
[18] Zit.: C.-H. *Ule:* Der Einsatz militärischer Streitkräfte im Ausnahmezustand, DVBl. 1967, S. 872.

verordnungen bislang in keiner Phase die freiheitlich demokratische Grundordnung in Gefahr gebracht haben, was natürlich, zumindest in Schweden und in der Schweiz, an den seit Jahrhunderten gefestigten inneren Verhältnissen liegen mag.

III. Die Regelung in den Staaten des Warschauer Paktes

1. Sowjetunion

Drei Arten des Notstandes unterscheidet die sowjetische Verfassung von 1936: den Kriegszustand, den Belagerungszustand und den Ausnahmezustand; die beiden erstgenannten erfassen mit der äußeren Gefahr zugleich einen etwaigen inneren Notstand, während letzterer lediglich die Folgen von Naturkatastrophen betrifft[19].

Im Kriegszustand und im Belagerungszustand (= eine verschärfte Form des Kriegszustandes) geht nach dem Erlaß des Präsidiums des Obersten Sowjets vom 22. Juni 1941 die gesamte öffentliche Gewalt auf „Kriegsräte" über, die bei den einzelnen Militärbehörden gebildet werden[20]. Das Militär hat dann alle erdenklichen Befugnisse des Vorgehens gegen die Zivilbevölkerung, so vor allem gegen „Provokateure, Spione und andere Agenten des Feindes ... schonungslose Unterdrückungsmaßnahmen zu ergreifen"[21].

2. Polen

Nach Art. 28 Abs. II der Verfassung der Volksrepublik Polen vom 22. Juli 1950 kann „der Staatsrat den Ausnahmezustand über einen Teil des Gebietes oder über das ganze Gebiet der Volksrepublik Polen verhängen, wenn dies im Hinblick auf die Verteidigung oder die Sicherheit des Staates erforderlich ist"[22]. Weitere Vorschriften über mögliche Ausgestaltungen der Einzelbefugnisse finden sich in der Verfassung nicht. Gleichwohl kann man davon ausgehen, daß der Staatsrat alle Vollmachten einschließlich des militärischen Eingreifens in der Hand hat, um etwaigen inneren Notlagen wirkungsvoll begegnen zu können[23]: so wurde auch am 28. Juni 1956 der Aufstand in Warschau mit Hilfe der Armee gebrochen.

---

[19] BT-Drucks. V/1879, S. 10.
[20] BT-Drucks. V/1879, S. 10; *E. Waldmann:* Notstand und Demokratie, S. 93.
[21] *Studenikin-Vlasov-Evitichiev,* Sovetskoe administrativnoe pravo; Moskau 1950, S. 3 (zit.: BT-Drucks. V/1879, S. 11).
[22] Zit.: Deutsches Institut für Rechtswissenschaft (Hrsg.): Die Verfassungen der europäischen Länder der Volksdemokratie, S. 111.
[23] BT-Drucks. V/1879, S. 11; vgl. dazu auch Art. 6 der Verfassung: „Die Streitkräfte der Volksrepublik Polen schützen die Souveränität und die Unabhängigkeit des polnischen Volkes, seine Sicherheit und den Frieden." (Zit.: Deutsches Institut für Rechtswissenschaft, a.a.O., S. 101.)

3. Tschechoslowakei

Nach § 74 Abs. I Ziff. 12 der Verfassung der Tschechoslowakischen Republik vom 9. Mai 1948 hat der Präsident der Republik „das Oberkommando über die Streitkräfte, er verkündet auf Grund eines Beschlusses der Regierung den Ausnahmezustand und erklärt auf Grund einer Entscheidung der Nationalversammlung den Krieg"[24].

Ausnahmezustand und Kriegszustand umfassen automatisch auch innere Notstände[25]; der Präsident der Republik hat in seiner Eigenschaft als Oberkommandierender der Streitkräfte in Verbindung mit der Gleichschaltung äußerer und innerer Notlagen in beiden Situationen die Möglichkeit, die Streitkräfte zur Gefahrenabwehr einzusetzen.

4. DDR

Neben dem in Art. 52 der Verfassung der Deutschen Demokratischen Republik vom 6. April 1968 geregelten formellen Inkrafttreten des Verteidigungszustandes[26] und den in Art. 73 der Verfassung geregelten organisatorischen Grundsätzen[27] sind in dem Gesetz zur Verteidigung der Deutschen Demokratischen Republik vom 20. September 1961 (VtdgG) spezifische Bestimmungen über sog. „Verteidigungsfälle" getroffen. Diese Verteidigungsfälle schließen, wie überall im kommunistischen Sprachgebrauch, wo Regelungen über Verteidigungs- oder Belagerungszustände getroffen werden, innere und äußere Notlagen gleichermaßen ein. Verdeutlicht wird dies durch die Gegenüberstellung der drei alternativen Voraussetzungen, die gemäß § 4 Abs. I VtdgG den Verteidigungszustand begründen: der Staatsrat erklärt „... im Falle der Gefahr oder der Auslösung eines Angriffs gegen die DDR oder in Erfüllung internationaler Bündnisverpflichtungen den Verteidigungszustand"[28]. Das Gesetz stellt hier klar, daß nur die beiden letztgenannten Voraussetzungen den Fall der äußeren Bedrohung betreffen, während die „Gefahr" ausschließlich innere Unruhen und Aufstände erfassen kann[29]. Somit kann es auch hinsichtlich der Folgen, die diese Erklä-

---

[24] Zit.: Deutsches Institut für Rechtswissenschaft, S. 233.
[25] BT-Drucks. V/1879, S. 11.
[26] „Die Volkskammer beschließt über den Verteidigungszustand der Deutschen Demokratischen Republik. Im Dringlichkeitsfalle ist der Staatsrat berechtigt, den Verteidigungszustand zu beschließen. Der Vorsitzende des Staatsrates verkündet den Verteidigungszustand"; zit.: Müller-Römer: DDR-Gesetze (Loseblattsammlung).
[27] „Der Staatsrat faßt grundsätzliche Beschlüsse zu Fragen der Verteidigung und der Sicherheit des Landes. Er organisiert die Landesverteidigung mit Hilfe des Nationalen Verteidigungsrates. Der Nationale Verteidigungsrat ist der Volkskammer und dem Staatsrat für seine Tätigkeit verantwortlich"; zit.: Müller-Römer, ebenda.
[28] Zit.: Müller-Römer, ebenda.
[29] Vgl. dazu auch E. *Waldmann:* Notstand und Demokratie, S. 97.

rung des Verteidigungszustandes auslöst, keinen Unterschied machen, ob äußere Angriffe oder innere Unruhen vorliegen[30]. Diese Rechtsfolge und die dem Militär in einer derartigen Situation zugestandenen Einzelbefugnisse werden jedoch im Verteidigungsgesetz nicht näher präzisiert; lediglich in § 2 VtdgG finden sich einige, mehr organisatorische Ausgestaltungen. Danach obliegt „dem nationalen Verteidigungsrat der DDR ... die einheitliche Leitung der Verteidigungs- und Sicherheitsmaßnahmen" (Abs. II Satz 1). „Er organisiert in Zusammenarbeit mit den anderen staatlichen Organen die Verteidigung des Arbeiter- und Bauernstaates und den Schutz der sozialen Errungenschaften und bestimmt die dazu erforderlichen Maßnahmen" (Abs. II Satz 2)[31]. Welcher Art die „erforderlichen Maßnahmen" sind, bleibt dabei offen. Soweit ersichtlich, enthalten lediglich die Dienstvorschrift 10/4 der Nationalen Volksarmee (NVA) und die Dienstvorschrift 30/10 für die Grenztruppen der NVA einige Bestimmungen über den Schußwaffengebrauch „zur Brechung von bewaffneten Widerständen, zur Aufrechterhaltung der militärischen Disziplin und Ordnung sowie für den Fall von Notwehr- und Notstandssituationen"[32]. Diese Vorschriften werden im übrigen geheim gehalten; auf sie näher einzugehen ist nicht möglich[33].

5. Zusammenfassende Betrachtung

Das wesentliche Kriterium bei der Beurteilung militärischer Einsatzmöglichkeiten im Innern ist die in allen Staaten des kommunistischen Machtbereiches erfolgte Gleichschaltung innerer und äußerer Notstandssituationen: der Verteidigungs-, Belagerungs- oder Ausnahmezustand ist der Sammelbegriff für alle politisch-militärischen Notstandsfälle. Bei einem militärischen Einschreiten kann es daher auch keinen Unterschied machen, ob ein Angriff von außen oder ein Aufstand im eigenen Land abzuwehren ist; in beiden Fällen sind die Streitkräfte zur Behebung

---

[30] So auch *E. Busch:* Die rechtlichen Grundlagen der Wehrverfassung der SBZ unter besonderer Berücksichtigung des Verteidigungsgesetzes vom 20. 9. 1961, Recht in Ost und West 1962, S. 6.
[31] Im übrigen ergibt sich aus § 2 VtdgG iVm. Art. 73 der Verfassung, daß der Nationale Verteidigungsrat nicht das höchste Organ zur Leitung der Verteidigungs- und Sicherheitsmaßnahmen ist. Vielmehr faßt der Staatsrat die grundsätzlichen Beschlüsse in allen Verteidigungs- und Sicherheitsfragen; die weiteren Beschlüsse des Nationalen Verteidigungsrates müssen vom Staatsrat bestätigt werden. Zudem wird der Nationale Verteidigungsrat vom Staatsrat berufen (Art. 73 der Verfassung); letztlich steht die Kompetenz auf diesem Gebiet allein dem Staatsrat zu (ähnlich *E. Waldmann*, S. 79; dazu auch *Müller-Römer*, FN 2 zu § 2 Abs. II VdtgG).
[32] Zit.: Rheinischer Merkur Nr. 2 / 27. Jahrgang. 14. Januar 1972: „Schießbefehl", S. 8.
[33] In der DDR selbst sind bislang kaum Veröffentlichungen zum Notstandsrecht und den damit zusammenhängenden Fragen der Einzelbefugnisse der Exekutive erschienen.

der Gefahr mit all ihren verfügbaren Mitteln berufen. Soweit ergänzende Ausführungsgesetze zum Verteidigungsfall ergangen sind (wie in der DDR das VtdgG oder in der UdSSR der Erlaß vom 22. Juni 1941), behandeln diese lediglich administrative und organisatorische Fragen; Beschränkungen hinsichtlich Art, Umfang oder Dauer des Einsatzes sind, soweit ersichtlich, nicht vorhanden.

Schrifttumsverzeichnis

A. Abhandlungen

Arndt, Claus: Bundeswehr und Polizei im Notstand, DVBl. 1968, S. 729 - 732
— Die Polizei im Notstandsfall, Die Polizei 1968, S. 129
Barth, Eberhard: 10 Jahre Wehrverfassung im Grundgesetz, DöV 1966, S. 153 bis 161
— Zur verfassungsrechtlichen Stellung der Bundeswehr, Schäffer-Festschrift 1966, S. 367 - 369
Benda, Ernst: Die Notstandsverfassung, 8. - 10. Aufl., München—Wien 1968
Berber, Friedrich: Lehrbuch des Völkerrechts, II. Band, München—Berlin 1962
Bremer, Heinz: Das Recht der Polizei zum Waffengebrauch, Diss. Heidelberg 1965
Brunkow, Wolfgang: Rechtliche Probleme des Einsatzes der Bundeswehr auf dem Territorium der Bundesrepublik Deutschland nach Art. 87 a GG, Diss. Bonn 1971
Busch, Eckart: Die rechtlichen Grundlagen der Wehrverfassung der SBZ unter besonderer Berücksichtigung des Verteidigungsgesetzes vom 20. 9. 1961, Recht in Ost und West 1962, S. 116
Denninger, Erhardt und Friedr. Wilhelm *Beye:* Rechtsgutachten zum Waffengebrauchsrecht der Polizei, Frankfurt/Main 1970
Dierske, Ludwig: Die Verwendung der Bundeswehr zur Erfüllung polizeilicher Aufgaben im Zustand der inneren Gefahr oder beim inneren Notstand, Die Polizei 1964, S. 353 - 355
— Grenze zwischen polizeilichem und militärischem Einsatz, Die Polizei 1962, S. 357
Doehring, Karl: Befehlsdurchsetzung und Waffengebrauch, Bad Homburg v. d. H. 1968
— Das Staatsnotrecht in den Vereinigten Staaten von Amerika, in: Beiträge zum ausländischen öffentlichen Recht und Völkerrecht (Hrsg.: Max-Planck-Institut), Heft 31, Köln—Berlin 1955
— Die allgemeinen Regeln des völkerrechtlichen Fremdenrechts und das deutsche Verfassungsrecht, Köln—Berlin 1963
Ehmke, Horst: Militärischer Oberbefehl und parlamentarische Kontrolle, Zeitschrift für Politik (1) 1954, S. 337
Evers, Hans-Ulrich: Die perfekte Notstandsverfassung, AÖR Bd. 91, S. 1 - 41 u. 193 - 222
Fromme, Friedrich-Karl: Ausnahmezustand und Notstandsgesetzgebung, DöV 1960, S. 734
Grawert, Rolf: Verwaltungsabkommen zwischen Bund und Ländern in der Bundesrepublik Deutschland, Berlin 1967

Hall, Karl-Heinrich: Notstandsverfassung und Grundrechtseinschränkungen, JZ 1968, S. 159 ff.

Hesse, Konrad: Grundzüge des Verfassungsrecht, 4. Aufl., Karlsruhe 1970

Huber, Ernst-Rudolf: Dokumente zur deutschen Verfassungsgeschichte, Band 1, Stuttgart 1961

— Deutsche Verfassungsgeschichte seit 1789, Stuttgart 1967

Hoffmann, Reinhard: Innerer Notstand, Naturkatastrophen und Einsatz der Bundeswehr, in: Dieter Sterzel: Kritik der Notstandsgesetze, Frankfurt a. M. 1968

Jaenicke, Günter: Das Staatsnotrecht in Großbritannien, in: Beiträge zum ausländischen öff. Recht und Völkerrecht, Heft 31, Köln—Berlin 1955

Jellinek, Walter: Verwaltungsrecht, 3. Aufl., Offenburg 1948

Ipsen, Knut: Der Einsatz der Streitkräfte im Innern, DVBl. 1969, S. 396 - 399

Keidel, Dieter: Polizei und Polizeigewalt im Notstandsfall, Berlin 1973

Klinkhardt, Ingo: Der administrative Waffengebrauch der Bundeswehr, JZ 1969, S. 701 ff.

Köhler, Gerhard: Einsatz von Streitkräften der Bundeswehr im Falle des inneren Notstandes, Die neue Polizei 1968, S. 136/137

Kreutzer, Rudolf: Der Begriff der „Streitkräfte" im GG, DVBl. 1969, S. 399/400

Lepper, Manfred: Die verfassungsrechtliche Stellung der militärischen Streitkräfte im gewaltenteilenden Rechtsstaat, Bielefeld 1962

Lerche, Peter: Übermaß und Verfassungsrecht, Köln—Berlin—München 1961

— Bundeswehr, Wehrverfassung, in: Ev. Staatslexikon, Sp. 240, Stuttgart—Berlin 1966

Lohse, Volker-Heinrich: Streik und Staatsnotstand, Berlin 1969

Maunz, Theodor: Deutsches Staatsrecht, 19. Aufl., München u. Berlin 1973

Menzel, Eberhard: Völkerrecht, München u. Berlin 1971

Quaritsch, Helmut: Führung und Organisation der Streitkräfte im parlamentarisch-demokratischen Staat, VVDStRL Heft 26 (1968), S. 207 - 259

Rauschning, Dietrich: Wehrrecht und Wehrverwaltung, in: Ingo v. Münch (Hrsg.): Besonderes Verwaltungsrecht, S. 209 - 231, Bad Homburg v. d. H. 1969

Schnupp, Günther: Die Polizei im Notstandsfall, Die Polizei 1967, S. 361 - 367

— Polizei — Bundesgrenzschutz — Bundeswehr, Die Polizei 1968, S. 293 - 298

Schnitzler, Heinrich und Walter *Hey*: Handbuch für den Zivilschutz und die zivile Verteidigung, Köln, Bonn, Berlin, Loseblattausgabe, Stand: November 1968

Schreiber, Wolfgang: Die Befugnisse der Streitkräfte nach Art. 87 a III GG, DÖV 1969, S. 729 - 734

Schunck, Egon: Das Notstandsrecht, Frankfurt/Main 1969

Sellmann, Klaus-Albrecht: Der Einsatz militärischer Streitkräfte im Ausnahmezustand, DöV 1968, S. 123/124

Steinkamm, Armin: Die Streitkräfte im Kriegsvölkerrecht, Würzburg 1967

Ule, Carl-Hermann: Der Einsatz militärischer Streitkräfte im Ausnahmezustand, DVBl. 1967, S. 865 - 873

Ver, Rudi: Requiem auf einen Rechtsstaat, Berlin—Neuwied 1967

Verdroß, A.: Völkerrecht, 5. Aufl., Wien 1964

von der Heydte, Friedrich August: Aussprache zu: Führung und Organisation der Streitkräfte im demokratisch-parlamentarischen Staat, VVDStR Heft 26 (1968), S. 281
— Strategie als Wissenschaft, in: Strategie und Wissenschaft, hrsg. vom Institut für Wehrrecht der Universität Würzburg, Würzburg 1966, S. 37 ff.
— Der moderne Kleinkrieg, Würzburg 1972
von Unruh, Georg-Christoph: Führung und Organisation der Streitkräfte im demokratisch-parlamentarischen Staat (Bericht), VVDStRL Heft 26 (1968), S. 157 - 206
Wacke, Gerhard: Allgemeines Polizeirecht, 7. Aufl. (Nachdruck), Berlin, München 1968
Waldmann, Eric: Demokratie und Notstand, Boppard a. Rh. 1968
Widder, Erwin und Siegfried *Bleck*: Bundeswehr und Polizei, Truppenpraxis 1969, S. 99 - 102
Wittig, Peter: Zum Standort des Verhältnismäßigkeitsgrundsatzes im System des Grundgesetzes, DöV 1968, S. 817 ff.
Zeidler, Karl: Ausführung von Landesgesetzen durch Bundesbehörden, DVBl. 1960, S. 573

B. Textsammlungen und Kommentare

Anschütz, Gerhard: Die Verfassung des Deutschen Reiches von 1919, 14. Aufl., Berlin 1933
Bonner Kommentar: Kommentar zum Bonner Grundgesetz, Loseblattausgabe, Hamburg, seit 1954
Deutsches Institut für Rechtswissenschaft (Hrsg.): Die Verfassungen der europäischen Länder der Volksdemokratie, VEB Deutscher Zentralverlag Berlin (Ost), 1955
Hamann, Andreas: Das Grundgesetz für die Bundesrepublik Deutschland, 2. Aufl., Berlin—Neuwied 1961
Jess, Edmund und Siegfried *Mann:* Gesetz über die Anwendung unmittelbaren Zwanges durch die Bundeswehr, Berlin 1966
Lenz, Carl-Otto: Notstandsverfassung für das Grundgesetz, Frankfurt/Main 1971
Maunz, Theodor, Günter *Dürig* und Roman *Herzog:* Grundgesetz, Kommentar, Loseblattausgabe, München, Stand 1971
Mayer-Tasch, Peter Cornelius: Die Verfassungen Europas, Stuttgart 1966
Pioch, Hans-Hugo: Gesetz über den unmittelbaren Zwang, Köln—Berlin—Bonn 1963
Schmidt-Bleibtreu, Bruno und Franz *Klein:* Kommentar zum Grundgesetz für die Bundesrepublik Deutschland, 2. Aufl., Berlin—Neuwied 1969
von Mangoldt, Hermann und Friedrich *Klein:* Das Bonner Grundgesetz, Kommentar, 2. Aufl., 7. Lieferung Band III, München 1970

C. Amtliche Veröffentlichungen

Deutscher Bundestag, 4. Wahlperiode: Schriftlicher Bericht des Bundestag-Rechtsausschusses, Bundestag-Drucksache IV/3494
Protokolle der 1. und 3. öffentlichen Informationssitzung des Rechts- und Innenausschusses vom 9. 11. 1967 (Nr. 55/71) und vom 30. 11. 1967 (Nr. 59/75)

Deutscher Bundestag, 5. Wahlperiode: Begründung der Bundesregierung zum Entwurf eines Gesetzes zur Ergänzung des Grundgesetzes, Bundestag-Drucksache V/1879

Schriftlicher Bericht des Rechtsausschusses vom 9. 5. 1968, Bundestag-Drucksache V/2873, S. 12 ff.

Verhandlungen des Deutschen Bundestages, 5. Wahlperiode
— 175. Sitzung vom 16. 5. 1968 (Stenogr. Bericht, S. 9455 ff.)
— 178. Sitzung vom 30. 8. 1968 (Stenogr. Bericht, S. 9620 ff.)

Bundesminister des Innern (Hrsg.): Das Gesetz für die Stunde der Not, Materialien zur Auseinandersetzung mit einem Sicherheitserfordernis, Bonn 1961

Bundesminister für Verteidigung (Hrsg.): Weißbuch 1971/72 — Zur Sicherheit der Bundesrepublik Deutschland und zur Entwicklung der Bundeswehr, Bonn 1971

Printed by Libri Plureos GmbH
in Hamburg, Germany